不自由から学べること

川原マリア
Kawahara Maria

思いどおりにいかない人生が
スッとラクになる33の考え方

ダイヤモンド社

あなたは今、「自由」でしょうか?

―

いきなり質問をしてしまい恐縮です。

こう問われて「自由です」と言える人は、
きっと、ほとんどいないでしょう。

多くの人が、日々の生活に何かしらの
「不自由さ」を感じているはずです。

欲しいモノが手に入らない。
ルールを守らなくてはいけない。
他人のために時間を使わされる。
人間関係により心をすり減らされる。
性別、容姿、血縁……運命に縛られている。

などなど、人生で感じる不自由さは
挙げればきりがありません。

「人には人の地獄がある」

そう言われるように、
幸せそうに見える人であっても、
誰しも少なからず人生に
「不自由さ」を抱えているものです。

でも、その不自由さを人に相談したとき。
こんなふうに言われたことはないでしょうか？

恋人ができなくて悩んでいるのに、

「自由でいいじゃん」

と言われてしまった。


細かいことが気になる性格で悩んでいるのに、

「あなたみたいな繊細さがほしい」

と言われてしまった。

親や家族から束縛されて悩んでいるのに、

「大事にされてるってことでしょ」

と言われてしまった。

こんなふうに、あなたの悩み事が、
他人には羨ましく映ってしまった。
そんな経験は、ないでしょうか。

「なんでわかってくれないの?」と、
さらに不満を抱いてしまいますよね。

ですが、その反対も起こり得ます。
他人の悩みを聞いて、
こう思ったことはないでしょうか?

友達に家事や育児の愚痴を話されて、

「家族や子供がいて羨ましい」

と感じてしまった。

仕事が忙しすぎると相談されて、

「充実していていいな」

と思ってしまった。

陰口に悩んでいると打ち明けられて、

「活躍してるってことでしょ」

と妬んでしまった。

相手にとっては悩み事であるはずなのに、
まるで「自虐風の自慢」のように受け取ってしまった。
そんな経験が、誰しもあるかと思います。

あなたと相手、間違っているのはどちらか。
……という話ではありません。

見ている現実は同じでも、
とらえ方によって、その意味は変わる
ということです。

つまり「不自由」に感じている事実も、
別の視点から見てみたら、
肯定的にとらえられるかもしれません。

たとえば目の前の悩ましい現実に対して、

「こんな意味があったのか」

「こんな学びを得られるのか」

そう思えた瞬間、
心はスッとラクになるでしょう。

幸福か、不幸か。
自由か、不自由か。

それは定められたものではなく、
自分の認識で決められることなのです。

そのための考え方のコツを、
これからお伝えしていきましょう。

はじめに——塀の中で見つけた「現実のとらえ方」

規則、役割、他人、環境、そして運命……。
人生には、さまざまな「不自由」が立ちはだかります。
そして残念ながら、そんな現実を変えることは容易ではありません。
必死に抵抗しても、その努力が無に帰することも少なくないでしょう。
心を病んだり、現実に絶望して自ら命を絶ってしまったりする人さえいます。

でも、そんな不自由な現実の前で嘆くだけなんて嫌ですよね。
一度しかない人生、不自由さを抱えたまま生きていくなんて耐えられません。

それでも何か、できることがあるのではないか。
この本では、その「不自由な現実」に悩まないための考え方をお伝えします。

変えることのできない「不自由な現実」に悩む私たちができること。

さっそく、その核心をお伝えしましょう。

それは、**現実の見方を変える**ことです。

たとえ現実は変わらなくても、それが持つ「意味」は見方によって変わります。

✿「半分の水」を、どうとらえますか？

有名な、「水の入ったコップの話」があります。

水が半分まで入っているコップを見て、どう感じるか、というものです。

多くの人の回答は2つのパターンに分かれますが、**本書でお伝えするのは3つめの考え方です。**


一般的な2つのパターン、1つはこれです。

「たった半分しかないなんて」

そう感じて、不満を抱く人は少なくありません。

現実を受け入れることができず、腹を立てたり、悲観したり。

こういう人は、**とても「悩みやすい人」だと言われます。**


一方で、こう感じる人もいます。

「**まだ半分もある**」

そう感じられる人は、よく「**悩まない人」だと言われます。**

現実をポジティブに考えることができて、悲観せずに受け入れられるからです。


ですが、誰もがこんなふうに楽観的に考えられるわけではありません。

水が半分しかないのは、揺るぎようがない事実です。

それを「半分もある」と、事実を肯定して我慢することは簡単ではありません。

「やっぱり、もっと欲しい……」という欲望が湧いてきてしまうことでしょう。

そして、「水がない」という事実に不自由さを感じてしまいます。

悩みが消える「考え方」とは

現実を認めず、不満を抱く。

もしくは、無理やりポジティブに考える。

本書でお伝えする**「悩みが消える考え方」は、そのどちらでもありません。**

半分しか水がないコップに対する、3つめの考え方。

それは、水が少ないという現実は認めたうえで、**その現実がもたらす「意味」を肯定的に考えてみることです。**


水が少ないことを不自由に感じてしまうのは、「より多くの水を得られたほうが豊かである」という認識があるからでしょう。

ですが、水が半分しかないから不幸だなんて、誰が決めたのでしょう。

半分しかないからこそ得られる喜びもあるのではないでしょうか。

「水は少ないけど、その分、他の人よりも大切に飲めるはず」

「たくさん飲みすぎてお腹を壊さなくてすむ」

「私の水が少ない分、ほかの誰かが水を飲めているかもしれない」

こんなふうにも考えられることでしょう。

コップの半分しか水がない。その事実が示す「意味」を前向きにとらえてみれば、その現実は不自由なんかではなく、**自分にとって価値のある現実に思えてきます。**

しんどい現実を変えることはできません。

でもそこに「肯定的な意味」を見出せたら、とらえ方が変わります。

それができる人は、たとえ思いどおりにいかない人生であっても、悩むことなく前を向いて生きていけるでしょう。

というより、**現実なんて思いどおりにいかないことだらけです。**

そんな世界を生き抜くには必須の力とも言えます。

不自由な現実をどう見つめ、どう考えれば、より生きやすくなるのか。

そのための考え方を、この本ではお伝えしていきます。

悲観したくなる現実を少しでも心地良く過ごせるようになるためのお手伝いがで

きればと思っています。

不自由な現実から「学び」を得てみる

不自由な現実の「意味」を、視点を変えてとらえ直す。

それは特別な訓練や、能力がないとできないことではありません。

でも、簡単なことでもありません。

現実の見方は、人生で培った経験や価値観によって無意識のうちに固定されるもの。「視点を変えろ」なんて言われてすぐにできれば、誰も苦労しませんよね。

そこでこの本では、現実をとらえ直すための「視点」を授けたいと思います。

それは、「**学びがないか考えてみる**」**というものです**。

私は、今では不自由な現実の意味を肯定的にとらえられるようになりましたが、
それは「ある環境」で過ごしたことがきっかけでした。

当時はその環境を「とても不自由だ」と感じていましたが、今になって振り返ると、その環境はさまざまな学びを私に与えてくれました。

その学びに気づいてからは、私の不自由だった過去は「嫌な思い出」ではなく、「生きる力をくれた大切な過去」になりました。

そして、現実で不自由さを感じても前向きにとらえられるようになったのです。


この本では、私がこれまでに「不自由から学んだこと」をお伝えしていきます。

同じ不自由さを感じている人にとっては、「**そうか、そうとらえればいいのか**」と、現実を見つめ直すヒントになるかと思います。

読んでいただくうちに、「**現実が持つ意味を肯定的にとらえるとは、こういうことか**」と、考え方のコツもおわかりいただけることでしょう。


では、その考え方を授けてくれた「ある環境」について、ご説明します。

不自由な現実をとらえ直す、いえ、そうせざるを得なかった。

「不自由さ」しかなかった、あの環境について。

✿12歳の私は「塀の中」にいた

はじめまして。川原マリアと申します。

「原」は「原」の異体字で、名字は「かわはら」と読みます。

着物デザイナーとして京都を中心に活動するかたわら、伝統産業に関するブランドの立ち上げや、地方創生事業など日本の観光に関わる仕事をしています。

自身の着物ブランドを立ち上げ、「Forbes JAPAN」や「ニューヨーク・タイムズ」などのメディアで活動を紹介いただいたこともあります。

モデルとしても活動し、SNSでは10万人以上の方にフォローいただいております。

このように書くと、まるで順風満帆な人生かのように見えますが、そうではありませんでした。

まず、私はとても貧しい家庭に生まれました。

長崎県の有明海を望む地域で、母子家庭の6人兄弟の末っ子として育ちました。

望んだものが買い与えられることなど滅多にない生活で、学校に持って行く裁縫道具や服は、どれも使い古されたものばかりでした。

友達が持っている流行りのゲームを買い与えられることもないし、リカちゃん人形やシルバニアファミリーの人形で遊ぶなんて、夢のまた夢。

お金がないから習い事もできませんでした。

田舎の小高い山によく登り、街と有明海を眺めながら「いつか絶対に、この不自由な家と街を出るんだ」と心に決めていました。


それから数年後、**12歳の私は塀の中にいました。**

といっても、監獄ではありません。

まるで監獄のような、自由のない世界。


そこは、修道院でした。

✿「自由」のまったくない世界で得たもの

私の両親が生まれた長崎の浦上地区は、敬虔《けいけん》なカトリック信者が多い地域でした。

私も「潜伏キリシタン」の末裔《まつえい》として生まれ、自意識の芽生える頃には十字架に手を合わせて祈っていました。

「川原マリア」という名前も、実際はひらがなですが本名であり、幼い頃から修道女になることは誉れ高いことだと教わって生きてきました。

早く地元を抜け出したかったこともあり、私は12歳で育った街を出て、長崎市内の修道院に入りました。

きっとそこには、私が求める自由で豊かな生活があるのだろうと夢みていたのです。

でも現実は、想像とはかけはなれた世界でした。

分単位でスケジュールが決まっていて、毎日がその繰り返し。

所有できる荷物はロッカー1つ分のみ。

雑誌やテレビなどの娯楽はいっさい存在しない。

敷地の外に出られるのは月に1回、3～4時間だけ。

恋愛はおろか、1日のうち数時間を除いて私語も禁止。


いっさいの自由を手放し、ただイエス様のために祈り、人々のために尽くす。

あらゆることが制限された、まさに不自由としか言えない世界でした。

私はまるで「カゴに囚われた鳥」のような気持ちで、日々を過ごしました。


ですが、**この不自由すぎる環境が、私に「現実の見方を変える」という考え方を授けてくれたのです。**

というより、そうでもしないと乗り切れませんでした。

そして、とある事情から18歳で修道院を出て、そこから20年の人生を歩んできた今、実感していることがあります。

あの不自由な日々から学んだことが、今の私を強くしてくれたということです。

不自由と向きあった「イエス・キリスト」

私はたまたま不自由な環境に飛び込んだことで、その「しんどい現実」を少しでも肯定して、つらさを手放すための考え方を身につけていきました。

その考え方については、本編でじっくりお伝えしていきます。


そもそも**「キリスト教の教え」の根底にあるのが、「不自由さからの脱却」です。**

キリスト教はユダヤ教から派生しています。イエス自身もユダヤ人で、もとはユダヤ教徒でした。ですがイエスは、こう考えました。

「選ばれたユダヤ人しか救われないって、おかしくないか？」

「規律ばかり守って、本当にそれが大切なことなのだろうか？」

「もっと弱い立場の人だって救われていいはずだよね？」

キリスト教の有名な一節、「信じる者は救われる」には、「たとえユダヤ人でなくても」という大切な意味が含まれているのです。

一方でユダヤ教徒からしたら「あいつ、俺らの地位を脅かすようなこと言ったりやったりして、目障りだ！」となります。

そうして、イエスは十字架に磔《はりつけ》になったわけです。

一部のユダヤ教徒から嫉妬され、民衆に煽られて、死刑を宣告され、すべての人間の醜《みにく》く愚かな罪を背負って死に、その後復活しました。

その奇跡と思想から、彼を「キリスト（救い主）」として、その教えを「キリスト教」として、彼らの弟子たちが広めたのがカトリックの起源です。

要するにイエスは、「不自由な決まりや人種とかに縛られるのはやめて、もっと弱い人も救われるような愛の溢れた世の中を神様は望んでいるのでは？」と、不自由な現実に対して訴えた改革派だったわけです。

✿「神は乗り越えられる試練しか与えない」の意味

そのイエスが、不自由な社会と闘い、悩み、見出した教えや、それまでに至る歴史などを、関係するさまざまな人たちがまとめたのが『聖書』です。

キリスト教は世界人口の約3割が信仰しており、聖書は世界1位のベストセラーとも言われます。

修道院では、この聖書にある言葉を日々学び、自ら体現していきます。

聖書に、こんな一節があります。


（神は）あなたがたを耐えられないような試練に遭わせることはなさらず――

コリントの信徒への手紙一　10章　13節

よく言われる「神は乗り越えられない試練は与えない」という言葉のもとになっ

た話です。

このようにキリストの教えにおいては、**降りかかる苦難は神の導きであり、すべてに意味があると考えています。**

まさに不自由な現実のとらえ方を変える考え方です。

こういった教えが、聖書には多数登場します。それを読んでキリスト教徒たちは、この不自由だらけの世界を何千年も生き抜いてきたのです。


不自由に抗う方法ではありません。

不自由な世界であっても、**そこに意味を見出し、心は自由なまま生きていく。**

この生きづらい世界で希望を捨てずに生き抜く術を、聖書は教えてくれました。

欲と煩悩に塗《まみ》れていた私も、聖書の言葉によって学びを得て、救われてきました。

✿宗教の教えは、あくまで「視点のひとつ」

「宗教なんてめっちゃ怪しいじゃん！」

「生まれながらにして洗脳されて大変だね」

クリスチャンの家に生まれ、修道院に入っていたなんて言うと、こんな言葉をかけられることも少なくありません。

宗教観の薄い日本においては、そう感じる気持ちも充分にわかります。

どうしても怪しく感じて、信じられない方がいても無理はないと思います。


ですが、ご安心ください。

本書を通して、宗教的な信仰を押し付けたいとは考えていません。

なぜなら私自身、**キリスト教の教えを盲信しているわけではないからです。**


もちろん、信じることは個人の自由です。

ですが「信じる者は救われる」とまでは言い切れないと考えています。

あまりに強い信仰は、やがて依存となり、それも「不自由」となって自身を縛ります。実際、強すぎる信仰心によって身を滅ぼした人たちも見てきました。

ですから、**すべての考え方を受け入れる必要はありません。**

私も修道院を出て社会を経験するなかで「あの教えは、やっぱり違ったかも」と感じたことはいくつもあります。

そのたびにキリスト教の教えを再解釈し、更新し続けてきました。

イエスが生きた時代と現代では、言語や文化も違うわけですから、相容れない部分があって当然だと思います。


それに私はキリスト教の専門家ではありません。

本書でお伝えするのは、あくまで私の解釈です。

教えを正しく完璧にお伝えするのであれば、私よりも適任な人はたくさんいるでしょう。

ですが、純度100%の教えを受け続けた「修道生活」と、その後、資本主義社会で揉まれ、社会的、世俗的な生活の両方を経験したからこそ、現代で生き抜くために必要な教えと考え方をお伝えできるかと思います。

「**そんな考え方もあるのね**」

本書でこれからお伝えする内容は、ぜひこのように受け取ってみてください。

✿ 変わることのない「不自由」をとらえ直す

見渡してみると、この世界は不自由なことばかりです。

会社や学校には必ずルールがありますし、その間口も広く開かれているようで、その実、学歴や性別などによる見えない制限が存在します。

病気や不慮の事故などによって突如として自由を奪われることもあるでしょう。

生まれた家や育った環境、知能、身体能力、容姿などによって、自分の可能性の限界が見えてしまったように感じることもあります。


「上司ガチャに外れた」

「親ガチャに外れた」

最近はそんな言葉も聞くようになりました。

ガチャガチャの景品が自ら選べないように、上司や親も選べない。
自分ではどうすることもできない現状に絶望している人は多いと感じます。

たしかにこの世界は、どこまでいっても不平等です。
どんなに努力をしても、不自由さはつねにつきまとうものです。

ですがそんな絶望のなかでも、希望を見出すことを諦めてほしくないと思い、本書を書きました。

本書でお伝えする、私が修道院で「不自由から学んだこと」を知ったうえで不自由な現実を眺めてみたら、そこに新しい「意味」を見出せるかもしれません。
そうすれば、**きっと不自由な現実も受け止めることができ、生きるのが少しラクになることでしょう。**

不自由という壁にぶつかり続けて、身を滅ぼす。
壁を受け入れて、悲しみを受け入れて、自分を諦める。

壁に阻まれたときにできることは、それだけではないはずです。

もしかしたらその壁は、じつは幻想かもしれません。
よく考えてみたら、別にあなたの邪魔にはならないかもしれません。
それに、意外と壁の中の暮らしも楽しかったりするかもしれません。
そんなふうに、視点を変えてとらえ直してみてほしいのです。

これまで不自由としか感じていなかった日常に微かな光が差し込み、そこに健気に咲く花に気づく。
この本をお読みいただくことで、そんなささやかな、でも喜ばしい変化が皆様の日常に訪れましたら幸いです。

川原マリア

2章

3章 喜びを感じて生きるには
──「滅私」という不自由から学んだこと

4章

人間関係で悩まないために
――「他者」という不自由から学んだこと

1章

本当の豊かさを手にするには

――「不足」という不自由から学んだこと

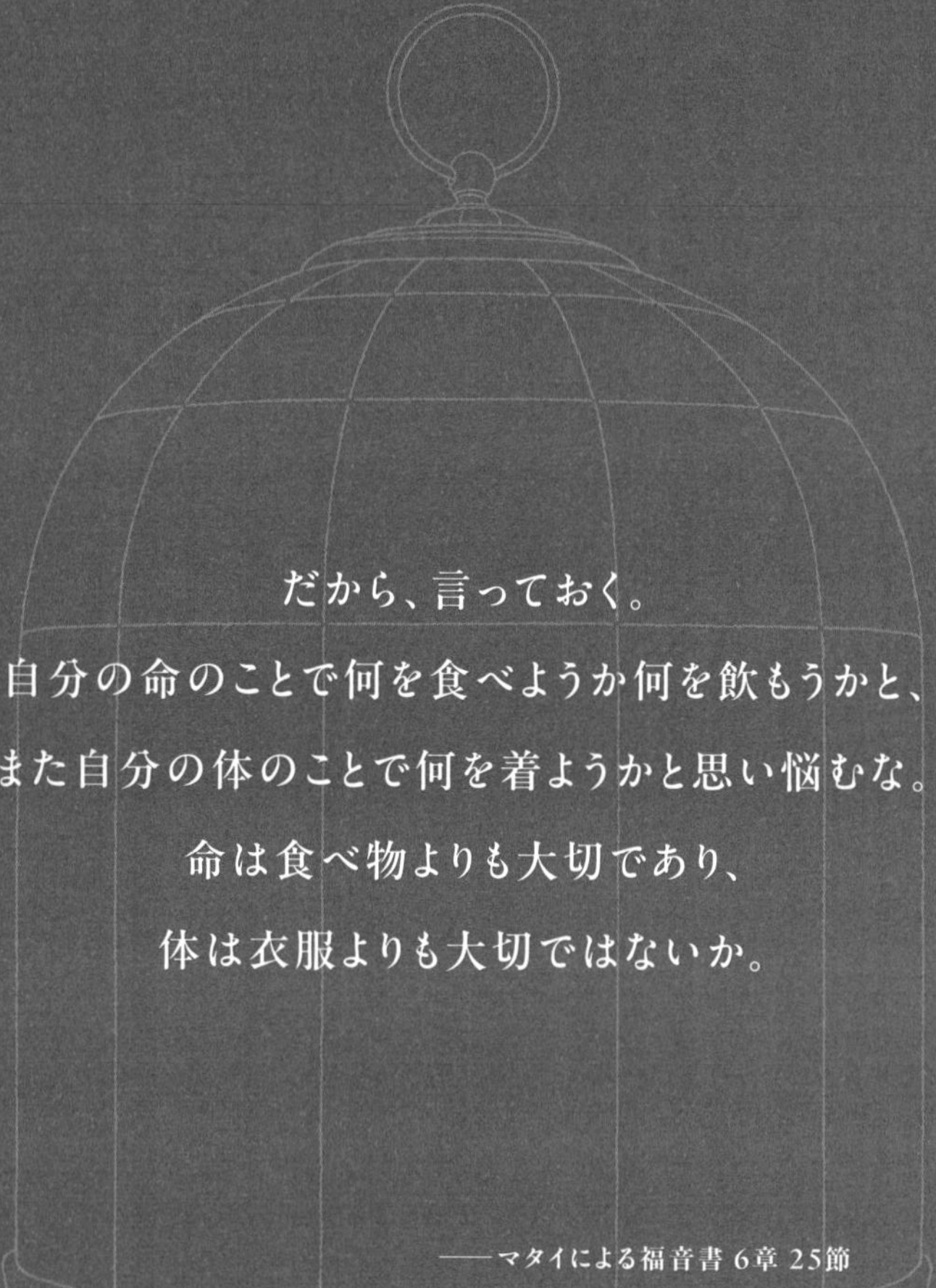

だから、言っておく。

自分の命のことで何を食べようか何を飲もうかと、

また自分の体のことで何を着ようかと思い悩むな。

命は食べ物よりも大切であり、

体は衣服よりも大切ではないか。

——マタイによる福音書 6章 25節

皆さんは、どのようなときに「幸せ」を感じますか？

目標としていたことを実現できたとき。

他者からの愛情を感じたとき。

誰かに喜んでもらえたとき……。

きっと人の数だけ、幸せの形があることでしょう。


そのなかでも、比較的わかりやすい「幸せを感じる瞬間」があります。

それは、望んでいたモノが手に入ったときです。


自分の力で手にする、または、誰かからプレゼントしてもらう。

いずれにおいても、自分が欲しかったモノを手にした瞬間、多くの人は「幸せ」を感じると思います。

それくらい、何かを得て所有することは、精神的な充足感をもたらしてくれます。

だからこそ、この欲求を満たせないとき、人は大きな不自由さを感じてしまうものです。


「欲しいモノが手に入らない」

「所有することが許されない」

「手放さなくてはいけない」


修道院に入った私が最初に感じた不自由が、まさにこれでした。

「ある」と嬉しいものは、「ない」とつらく感じるものです。

それを手にする瞬間を想像したり、実際に手にした喜びを感じてしまったあとなら、なおさらのこと。

ですがこの不自由によって、私は代わりに「あるもの」と向きあうことができました。

この1章では、そんな「不足」という不自由から学んだことをお伝えします。

1

目に見えるモノに価値はない

「ロッカー1つ」だけ許された世界

人が抗うことのできない感情のひとつに、「物欲」があります。

この欲求を満たせないとき、多くの人は不自由さを感じてしまうものです。

でも修道院での経験は、**モノに囲まれた生活が必ずしも豊かだとは言えない**と気づかせてくれました。

私がお世話になったのは、長崎市内にある教育修道会です。

日本では珍しい国内発祥の修道院で、学校法人も経営しているため、大きな塀の中に幼稚園・中学校・高校も併設されていて、その端に修道院がありました。

その修道会では、将来、修道女になりたい12〜18歳（中学1年生〜高校3年生）までを「志願生」、入る寮のことを「志願院」と呼んでいました。

志願院と修道院、呼び名は違えども、どちらもキリスト教の教えとイエス様の精神にならって、祈りと労働をしながら共同生活する施設であることは同じです。

修道士（男性）と修道女（女性）は生涯独身で貞操を守り、神様と弱い人々のためにその生涯を捧げる生き方をします。

「シスター」は主にカトリックでよばれる修道女の愛称です。

物欲やあらゆる煩悩から自らを遠ざけて、女性らしさの象徴である髪を隠し、家族や俗世の罪から離れ、その俗世で苦しむ人々のために身を尽くしておられます。

私が12歳で修道院の門を叩いたとき、**持参が許されたのは段ボール5箱程度の荷物だけでした。**

もちろん、雑誌や携帯電話などの娯楽品は禁止。

少しの服、下着、洗面用具（歯ブラシや櫛）、タオル数枚、筆記用具、布団と布団カバー、洗濯物を入れる蓋付きのバケツ、洗面器など、最低限のものを詰めただけでいっぱいになりました。

無駄なものは一切持ち込んでいないと思っていましたが、この認識は甘かったと、後に気づかされます。

修道院の中は、学習室、食堂、祈る部屋、集会所、共同生活をする居室など、目的ごとに部屋が分かれていて、日々のスケジュールに合わせて指定の部屋に一斉に集まります。

基本的には、学年の違う先輩たちと混合で4人ごとに部屋が割り振られます。

そして**1人につき与えられたスペースは、1つの学習机とロッカーのみ。**

持ち込んだ荷物を置いてみると、すぐにいっぱいになりました。

家庭が貧乏だった私は何も持っていないと思っていたのに、それでも修道院で許される以上の量のモノを持っていたのです。

私は仕方なく、一部の服などを手放しました。

✿つねに「身軽」でいることが求められる

所有できる荷物が制限されていたのは、モノを手放して慎ましく生きるための他に、もうひとつ理由がありました。

固定の居場所がなく、流動的な生活であったためです。

部屋もメンバーも、学期ごとに入れ替わるのがルールでした。

新学期が近づくと新しい部屋割りがクラス替えのように発表されて、週末に大掃除と部屋替えがあることを告げられます。

学習机の配置も学期ごとに変わりました。学校の「席替え」と同じシステムです。

一方で、修道院には厳粛なスケジュールがあります。

詳しくは2章で紹介しますが、綿密な予定が決まっていて、自由時間はほとんどありません。

そのかぎられた自由時間を使って、決められた日までに荷造りを終えなければなりませんでした。

だから、所有する荷物は最小限でなくてはならなかったのです。

✿シスターは手紙や写真も捨ててしまう

思い返すと、どの地でどんな仕事を任命されたとしても、生きるすべてを他者や神の意思に捧げる修道女になるための訓練でもあったのだと思います。

とはいえ、数少ない持ち物を手放すことは12歳の私には勇気が必要で、とても大きな喪失感があったことをよく覚えています。


ですが、ある経験から、私はモノとの向きあい方を見直すようになりました。

それは、ひとりで部屋替えのための準備をしていたある日のこと。

12歳の私は荷造りのコツも知らず、自由時間には到底終えられなかったので、毎回、学習時間を割いて荷造りをしていました。

いつまでも宿題が終わらない夏休み最終日のような焦燥感に、涙目で途方に暮れていると、ひとりのシスターが様子を見にきてくださいました。

思わず、私はこう尋ねました。

「全然荷造りが終わりません。どうやったら終わりますか？」

するとシスターは、こう答えました。

「そうね、自分で頑張って考えて、実行するしかないわね」

私は「それが難しいから悩んでいるんです」という言葉を飲み込みました。

そして「なぜ私たちばかり、こんな不自由でなくてはいけないのか」と不満に思い、反抗の意味も込めてこう聞きました。

「シスターはすぐにお引越しできるくらいの量の荷物ですか？」

シスターは、驚きの返答をしました。

「私は段ボール1箱分もないから、すぐに移動できますよ」

幼い私でさえこれほどの荷物があるのに、さまざまな経験を積んだ大人なら、さらに多くの荷物があるはずでは。

疑いの気持ちから、私がさらに追及したところ、シスターはこうも答えました。

「私は手紙や写真さえも、心に刻んだら感謝しながら破って捨てるわね」

修道者は、着る服も持ち物も、思い出さえも手放す身。

モノを形として残すのではなく、心に刻んだら執着は捨てる。

私は自分が選んだ道の険しさをあらためて自覚し、反省しました。

✿手放すことを受け入れる

大切なモノは、たとえ手放したとしても、忘れることはありません。

シスターのお言葉を聞いてからというもの、私は学期ごとの部屋替えの際、モノを処分したり、実家に持って帰ったりすることが増えました。

最初は「可愛いから手放したくない」「いつか使うかもしれないから持っておきたい」と悩んでばかりでしたが、しだいに手放すことに抵抗がなくなったのです。

すると、モノへの執着も減っていきました。


母が誕生日にくれた「たれぱんだ」の財布。

幼い頃に父が買ってくれた「キティちゃんのぬいぐるみ」や「ロザリオ」。

母子家庭だった私にとっては、働き詰めの母からのプレゼントや、たまにしか会えない父からの贈り物には思い入れがあり、大切に保管していました。

ですが私の不在中に母が誰かにあげてしまい、すべてなくなってしまいました。


兄がくれた小型ラジオを修道院に持ち込んでいましたが、風邪をひいて寝込んでいるときにこっそり聞いていたらバレてしまい、取り上げられてしまいました。

失ってすぐは「そんなに大事なものまで？」と泣き、環境を恨みました。

ですがこういった喪失も、しだいに「**何事も諸行無常で、次の誰かのもとにいったほうが良い運命だったのかも**」と、受け入れられるようになっていったのです。

✿モノは消えても「思い出」は消えない

聖書に、「富」に関する話があります。

とある議員が、イエスに「何をすれば永遠の命を受け継ぐことができるでしょうか？」と尋ねたときのこと。

その議員は昔から真面目にユダヤ人としての戒律を守ってきた人でした。

しかし、イエスはこのように言います。

「あなたに欠けているものがまだ一つある。持っている物をすべて売り払い、貧しい人々に分けてやりなさい。そうすれば、天に富を積むことになる。それから、わたしに従いなさい。」

しかし、その人はこれを聞いて非常に悲しんだ。大変な金持ちだったからである。

ルカによる福音書 18章 22-23節

ここでいう「天に富を積む」は「天の国を実現すること」、すなわち「心の平安を実現する」ことです。

築き上げたものをすべて捨ててこそ、心の平安が訪れるだろうと説いたのです。

さらにイエスは、このように付け加えます。


「財産のある者が神の国に入るのは、なんと難しいことか。

金持ちが神の国に入るよりも、らくだが針の穴を通る方がまだ易しい。」

ルカによる福音書 18章 24-25節

執着や好み、実績、学歴、肩書き……生きている間に得たさまざまなものが、自分を鎧のように守ってくれて、満たしてくれる感覚に陥ります。

しかし、そういったものは死ぬときには持っていけないし、この世で誰かとの平安を得るときも必要ないと、聖書は教えてくれています。


どれだけ思い出の詰まった品も、死ぬときには手放す必要があります。

それが、遅いか早いかというだけのことだと、この話は教えてくれました。

むしろ、手放したモノへの気持ちを心に留めたことで、さまざまな感情や思い出が鮮明に蓄積され、心は豊かになったようにさえ感じました。

こうして約6年をかけて、私は布団袋と段ボール数箱に収まる量の荷物で生活できるようになりました。


目に見えるモノだけに執着していると、心を満たせない。

「モノを持てない」という不自由な環境が、モノよりも大切な「想い」を大切にする気持ちを教えてくれたのです。

2 手放すから「大切さ」に気づける

どうしても手放せなかった「大切なもの」

手放すときがきて初めて、そのモノのありがたみや、存在の大きさに気づくことがあります。

「何を手放すか」を考えることは、一方で**「何を手放さないか」を考えることでもあるからです。**

モノを減らすことは、身の回りのモノに目を向け、そこに埋もれた宝物に気づいてあげるきっかけにもなるのです。

修道院に入って数ヶ月も経つと、最初は不自由に感じた「モノを持てない環境」

にも、しだいに慣れていきました。

先ほどのシスターの言葉もあり、私は思い出の品さえ手放せるようになりました。

ですが、なんでもかんでも抵抗なく手放せたわけではありません。

たとえば、学校でもらった手紙や、友達と交換したプリクラ。

思春期の私には手放すことが難しく、さすがに無理と、机の奥に隠しました。月に3、4時間しか外出が許されない私にとっては、本当に宝物だったからです。

兄がデザインし、母が刺繍を施してくれたペチコートも大切な宝物でした。

スカートの下が透けないように着る肌着のようなもので、当時は薄桃色の地味なものしかなかったため、「それなら世界でひとつの可愛いペチコートを作ればいい」と、母と兄が手作りで用意してくれたのです。

薄茶色の生地に、裾周りとウエスト部分に手刺繍が施されており、可愛くてオシャレで想いがこもっていて、手放すことはできませんでした。

修道院に入ったときから現在まで、25年間愛用しています。

こういった身近なモノの大切さに気づけたのは、それを「手放すかどうか」を考えたからです。

皆さんも、恋人や家族にもらった宝物があるのではないでしょうか。

大切な宝物も、無尽蔵にモノが持てる環境であれば、数多の荷物のなかに埋もれてしまいます。

大切かどうかなんて考えることもなく、「とりあえず持っておく」という判断ができてしまうからです。

制限があるからこそ、あらためて自分にとっての価値と向きあい、「それでも手放したくない大切なモノ」かどうかに気づけるのです。

本当に「豊か」だと言える生活とは

本当に大切なモノしか、手元に置いておけない。

いっけん不自由に感じる環境ですが、見方を変えれば、手元に残したものはすべて自分で「手元に置いておきたい」と決めた大切な宝物だということです。

自分が「必要だ」と判断したものに囲まれた生活こそ、本当に豊かな生活だと言えるのではないでしょうか。

大切なのはモノの量ではなく、「質」です。

たとえモノが多くても、少なくても、そのすべてが自分にとって大切なものであれば心地良い暮らしだと言えます。

修道院では極限までモノを減らした生活をしていた私も、社会に出た今となっては、引越し業者の方に「一般家庭の2倍はありますね」と言われる程度にはモノ持ちになってしまいました。

ですがすべてのモノに、自分にとっての大切な意味があります。

知識を与えてくれる本。感動と元気とワクワクを与えてくれる作品。仕事で役に立つ服や靴。日常を便利にしてくれる家電。愛情を感じられる思い出の品物。

これらは私に心地良さを運んできてくれるものであり、いくらあっても豊かさを阻害することはありません。

「心を穏やかにするもの」さえあればいい

私が修道院に入ってからというもの、兄姉たちは誕生日に何かしらの贈り物を送ってくれるようになりました。

小さなバラ、きのこの絵本、太宰治の『人間失格』。

それらの贈り物には、大切なメッセージが凝縮されていました。

お金はありませんでしたが、そこには確実に家族の愛がありました。

贅沢なモノは持てなかったけれど、家族からの愛が、不自由ばかりの修道院で暮らす私を救ってくれました。

愛着のあるものだけに囲まれた生活が、いちばん幸せで心地良い。

これが、私が修道院の暮らしで学んだことです。

実際、最小限のモノで暮らしていた修道院での生活は、心を惑わされず、感情も乱れにくいという実感がありました。

モノが多いとか、少ないとか。

それが高価であるとか、安価であるとか。

そんな理由で不自由さを感じている人は、ぜひモノの量ではなく、自分にとっての「意味」に目を向けてみてください。

大切なのは、誰かにとっての価値ではなく、**あなたにとっての真価を見極めることです。**

そして少しずつでも良いので、自分にとって本当に大切なものだけで身の回りを整えるようにしてみてください。

お風呂に入ったあとの爽快感にも似た、精神的な充足感を味わえるはずです。

3 流れゆく「情報」は必要ない

6年間で観たドラマは「1本」だけ

モノと同じように、情報がないと不安になる人もいます。

友達が自分の知らない話題で盛り上がっていると不安になったり、知り合いの投稿を見逃すのが怖くて四六時中SNSを眺めていたり、流行りの情報をつねに押さえておくことで自己肯定感を保っていたり。そんな人は少なくありません。

でも、情報には限度がありません。

どこまで求めても満足は得られないため、不満が残ってしまいます。

そういった情報は、本当は必要がないということも、修道院の生活で学びました。

修道院では**テレビはもちろん、ラジオや携帯電話も禁止でした。**

置いてあるのはその日の新聞と、選定された本が少しだけ。

なかには漫画も少しありました。

『赤ちゃんと僕』『名探偵コナン』『パラダイス キス』など、許可される基準は謎でしたが、志願生の誰かが持ってきて検閲に通ったものは読むことができました。

ですが最新の作品に触れる機会は滅多にありませんでした。


ですから修道院にいた頃は、テレビ番組や音楽の流行もまったくわかりませんでした。

当時は浜崎あゆみさんブームの全盛期で、よく友達が「M」という曲を歌ってくれました。曲中で私と同じ名前が呼ばれ嬉しかったのですが、本物を聴いたことはありませんでした。

先輩が友達から借りてきてくれたドラマ「やまとなでしこ」のビデオを、土日のわずかな時間で皆でワーキャー言いながら観た覚えがあります。

6年間の修道院生活で観たドラマはこの1本だけです。

「情報」がなかったから「知識」を得られた

このように修道院では、外界の情報を得る機会がほとんどありませんでした。ただその分、今でも自分の中に残る、**本当に大切な知識を得ることができました。**学校の図書室には膨大な本があり、思い悩んだときに参考になるような文献がたくさんあったのです。

アガサ・クリスティや森博嗣のミステリーは、修道院で触れられる数少ないエンタメとして大好きでした。

思春期の真っただ中だったときは、太宰治の暗さや歪《いびっ》さに救われました。

ルース・ベネディクトの『菊と刀』や、ヘリゲルの『弓と禅』などの名著にも感銘を受けましたし、スピノザの「汎神論」や、さまざまな人が唱える「無神論」に触れ、己の視野の狭さを自覚しました。

また、聖書を深く読み込む時間もありました。

聖書はいくつかの書によって成り立っており、そのなかに「知恵の書」と呼ばれるパートがあります。そこに含まれているのが、「箴言《しんげん》」「伝道者の書」「ヨブ記」という3つの書です。

3つの書はどれも、私たちはどんな世界に生き、この世界を良く生きていくとはどういうことかを、異なる角度から問うています。

数千年前に書かれたはずなのに、現代でも通用するような真理の知恵を教えてくれました。

「小説」や「聖書」は、修道院に入るまでは一切興味がありませんでした。おそらく漫画やテレビといった娯楽に溢れた生活をしていたら、一生手にすることはなかったでしょう。

娯楽が何もない環境でしたが、**そのおかげで、数千年の叡智や偉人たちの思想に触れることができたのです。**

友達と話す際、流行の話題にはついていけませんでしたが、それで大きく困るようなことはありませんでした。

それに、当時に流行っていた話題のほとんどは忘れてしまいましたが、図書館の本で得た知識は今でも私のなかに残っています。

現代では求めずとも、日々おびただしい量の情報がネットやSNSを介して飛び込んできます。私たちも、そんな情報たちを貪るように見あさってしまいます。ですが、**それは本当に情報を「得て」いると言えるのでしょうか。**

昨日ネットやSNSで見た情報で、思い出せるものがいくつあるでしょうか。

レオナルド・ダ・ヴィンチは、自身の手稿にこう遺しています。

「私たちは、視覚が最も素早い行動の一つであることを知っている。私たちは一瞬にして無限の形を見るが、それでも一度に一つのものしか完全に取り込むことはできない。仮に読者がこのページ全体を素早く見たとして、それが様々な文字で覆われていることを即座に認識するだろう。しかし、その間にその文字が何であるか、何を意味しているのかを認識することはできない。だから、その文字を理解するためには、一語一語、一行一行で見る必要がある。」

次から次に目の前を通り過ぎていく情報を見て知識を得た気になっても、結局何も残っていないのです。

「自分なりの答え」を見つけよう

他者からの情報を吸収しすぎたばかりに、自発的に考えたり行動したりできなくなった人も少なくないように感じます。

まるで誰かの情報に踊らされているかのようです。

「YouTubeで誰かが言っていたから」と言う人にたまに会いますが、それは「誰かの意見」でしかありません。せめて、その誰かの意見から自分らしい答えにたどり着いてほしいなと、話を聞くたびに思います。

他人の人生と思考を模倣しても、自分の人生がうまくいくとはかぎりません。学んで、考えて、一歩ずつ自分なりに行動して初めて運命が動きます。

あなたは情報に翻弄されてはいないでしょうか。

一瞬で消えゆく情報をいくら吸収しても意味はありません。

大切なのは得た情報の量ではなく、**主体的に情報を得て、考え、自分なりの答えを見つけることなのだと思います。**

メールやSNSが気になってしまうのは、しかたのないことです。

脳にとって情報は報酬刺激。ドーパミンの放出をもたらす興奮性の刺激のひとつです。

その作用を利用するための構造が、どのアプリやサービスにも仕込まれていますから、簡単には抗えません。

そんな人は、たまにでいいので、押し寄せてくる情報と距離を置く習慣から始めてみてはいかがでしょうか。

たとえば、「ながら作業」をやめてひとつのことに集中する。

スマホを手の届かない所に置いて、自然のなかでくつろぐのもおすすめです。

近年は「デジタルデトックス」と呼ばれてブームになっています。

いっときでもスマホに触ることのできない状況を、不自由だと感じる人もいるでしょう。

ですがそれは、スマホからでは得られない、**もっと大切な何かを得る良い機会かもしれません。**

情報を噛み砕き、味わい、消化して吸収し、「知恵」として真に自分のものとする。

そして、自分なりに行動を起こしてみる。

その過程を大切にすることが、本当の豊かさなのだと思います。

4 人は、「ない」から「創造」する

✿娯楽を「創造」していた先輩たち

娯楽や情報のない環境は、私にもうひとつ大切な学びを与えてくれました。

自らの手で新たなモノを「創りだす」側に回る、という意識です。


修道院に、小説を書いている先輩がいました。

あらゆる娯楽が禁止された環境では、それが貴重なエンタメになっていました。

恋愛も禁止でしたから、内容は想像上の恋愛や友情の話でしたが、とても面白く、皆に大好評だった記憶があります。


当時から私はファッションに興味がありましたが、服は少ししか持てなかったので、数少ない手持ちの服をどう組みあわせたら可愛いか、日々アイデアを出して工夫していました。

上級生になってからは、よく掃除中に掃除用具入れに隠れて、後輩や先輩を驚かせたりしていました。

そうやって私たちは、淡々とした生活を少しでも彩ろうとしていたのです。

「足りないなら、創る」

それが私のクリエイティビティの、根源的な芽生えなのだと思います。

享受するばかりの人生では、「自分らしく生きる」ことはできません。

自ら何かを生み出す側に回ると、運命が大きく変わります。

あらゆる情報が禁止された修道院生活から、私が学んだことです。

✿人と違うから、人とは違うものが生まれる

アイデアと行動によって、何もないところから何かを生み出す。

修道院時代に培われたこの視点は、その後の人生でも大いに役立ちました。

18歳で修道院を出たあと、いくつかのアルバイトや派遣業務などを経た私は、22歳で着物の世界に飛び込みました。

着物をデザインする「図案家」と呼ばれる職業に弟子入りしたのです。

自分で作るだけでなく、作った着物を自分でコーディネートしてSNSに写真を載せるようにもなりました。

ですが弟子入りの条件は、「**3年間無給**」でした。

そのため当時はお金がほとんどなく、コーディネートに必要なモノを買う余裕なんてありませんでした。

ここで、修道院時代に養ったクリエイティビティが活きました。

たとえば、着物と帯を中古で安く手に入れ、帯締めと呼ばれる道具は「ベルト」で代用、草履も足袋《たび》も買えなかったので「ブーツ」を履き、襦袢《じゅばん》の代わりに「タートルネック」を合わせました。

イエス様がユダヤ教に異を唱えてキリスト教ができたように、「別に着物にも新しい解釈があっていいじゃん！」と思ったのです。

冠婚葬祭ならＮＧですが、散歩や、友達と遊ぶ程度なら問題ありません。

お金がなかったのでそうするしかありませんでしたが、そんな「和洋折衷に着物を着るスタイル」が少しずつＳＮＳで話題になり、徐々にフォロワーが増え、メディアが特集してくださるようになりました。

アイデアと工夫によって、夢であったブランドを作るための道が拓けたのです。

そもそも私が着物のデザイナーという道を選んだのも、修道院での「足りないなら、創る」という経験があったからだと感じています。

他の人にはあるモノが自分にはなくても、落ち込む必要はありません。

だからこそ、他の人とは違うものを生み出せるのです。

✿「何もない」という思い込みを捨てる

「ない」ものばかり見ていると、不自由さを感じてしまいます。

でも本当に「何もない」状態なんて、ほとんどないのではないでしょうか。

少なくとも、「あなた」という存在がいます。

神様が与えてくれた「才能」という材料があります。

自分には才能なんかないと思う場合でも、「時間」と「知恵」は必ずあります。

何かを作るための「手」、行動するための「足」、伝えるための「言葉」があります。

ないモノばかり追い求めてずっと立ち止まっているくらいなら、**今あるモノで、すぐにでも一歩目を踏み出してみてはいかがでしょうか。**


人と同じモノが「ない」からこそ、「自分で創る」という発想が生まれます。

そこに自分なりの「工夫」が生まれます。

そして、そんな自分にも「ある」モノに目が向きます。

「ない」という不自由が、**自分だけに「ある」可能性を引き出してくれるのです。**

5

「自分と向きあえる時間」がいちばん尊い

✿ 怒られるたびに「自分」がわかっていく

モノも持てない。娯楽もない。情報もない。

不足ばかりの不自由な生活でしたが、そういった「ノイズ」がなかったおかげで、私は自分の頭で何かを考える時間が多くなりました。

そしてしだいに**意識が自分の外ではなく、「内」に向くようになったのです。**

たとえば私は朝が弱いので、お祈りの途中で寝てしまい、何度も怒られました。

頑固者でおっちょこちょいなので、共同生活も苦手でストレスを感じていました。

「真面目に集中しなさい」「みんなと仲良くしなさい」

シスターから何度も注意を受けるたびに、規範に対して従順になれない自分を責めたくもなりました。

そんなときは、自分の内面を見つめるようにしていました。

「あの授業になるとなぜか寝てしまう。どうやら私はこの科目が嫌いなようだ」

「あの作業になるといつもミスが出てしまう。どうやら私はこのタイプの作業が苦手なようだ」

すると自分はどんなときに喜怒哀楽を感じるのか、何が好きで何が嫌いなのか、何が苦手で何が得意なのかなど、**自分のことが少しずつわかっていきました。**

「自分の取扱説明書」ができていった

そしてこういった気づきを、反省ノートに毎日綴っていました。

修道院では日々の出来事や思考、感情を書き出すノートが与えられていたのです。

書くタイミングは人それぞれですが、多くの人は夕方の祈りのときか、寝る直前あたりに書いていました。

そして週に一度ほど、いきなり提出を求められていた記憶があります。

書く内容は自由でしたので、私はノートのページを縦半分に折って、左半分には今の感情や状況を書き、右半分には理想とする状態を書き出していました。

くわえて、理想に近づくために必要な「感情」「思考」「言葉」「行動」なども、思いつくままに書いていました。

たとえば、「今日は酷い言葉を使ってしまった」という自覚があるなら、それをノートの左側に書き、右側には「優しい言葉が使えるようになりたい」と、理想の姿を書きます。

そして「感情に流されないようにする」「優しい気持ちでいれば優しい言葉が出るはず」と、理想に近づくために必要なことを書いていました。

「ただ書くだけ？」と思うかもしれませんが、具体的な解決策が見えると一歩前進できますし、ストレスが可視化され、対策が講じられるようにもなるのです。

想いのまま綴った記録が溜まるにつれて、自分の感情がいつどんなときに動くのかなど、自分の「思考や行動の癖」が自覚できるようになりました。

私のノートはしだいに**「自分の取扱説明書」になっていったように感じました。**

これが近年では「ジャーナリング」や「書く瞑想」とも呼ばれていると、修道院を出てから知りました。

この習慣が良かったのか、日々の鍛錬のおかげかは不明ですが、志願生の仲間でも、数年をかけて性格が大きく変化する子が何人かいました。

誇張して見せがちだった子が謙虚で穏やかになったり、おとなしい子が少し自発的になったり。彼女たちの一部はシスターになりました。

一方で、今の環境が自分に合っていないと自覚してやめた人もいました。

とても優しくて人格者だった先輩が、突然修道院をやめることもありました。

結果はどうであれ、自分の内面と向きあうことは「自分がどうありたいか」「どんな未来に進みたいか」を考えさせてくれます。

何もない不自由な修道院には、そんな「自分と向きあう」ための時間がいくらでもあったのです。

夢を叶えてくれた「書く習慣」

ノートを書く習慣を始めたのは14歳の頃でした。

続けていくうちに不思議と書く内容が整頓されていき、しだいに将来の「夢」や「なりたい自分」を書くようになりました。

修道院を出てからも、この習慣は私を支えてくれています。

今では私の日常において、「書く習慣」は欠かせないものとなりました。

たとえばそのひとつとして、**夢の実現のためにも役立てています。**

なりたい自分をイメージして、縦に4分割したノートのページに「なりたい姿」「自分の性質」「そうなるために必要なこと」「具体的な行動」をそれぞれ書き出します。

あとは少しずつ、そこに書いた行動を実行していくのです。

ノートに書いたまま放っておくのでもOKです。

たとえそのときは無理に感じても、書き出すだけで意識するようになり、壁となっている性質や環境から自分を遠ざけ、理想の自分に近づいていけるようになります。

「今を生きるのが大切」とよく言いますが、**先を見据えることで、不思議と「今」が変わっていきます。**

そして、その夢を叶えるように、おのずと意識や行動が変わっていきます。

私はこの方法で、これまでに9割以上の夢を叶えることができました。

✿目に「見える富」と「見えない富」

ほかに、日記のような記録もつけています。

自分が主人公で、今はこんなステージや章にいて、こんな登場人物が出てきて、こう思った。こんなことをして楽しかった、感動した、など。

「仕事が忙しくてずっと行けていなかったけど、久しぶりに友達と映画を観にいって楽しかった！　やっぱり私は映画が好き」といった簡単なことも書きます。

そんな小さなストーリーを書き留めておくと、趣味や家族や友人など、身の回りにある大切な価値をあらためて意識できます。

私はこれを**「見えない富」と呼んでいます**。

一方で、プライベートのことだけでなく、仕事における定量的な目標やタスクのチェックも「書く」ようにしています。

「今週の売上」とか「2章まで原稿を進める」とか「デザインを10枚起こす」とか。

自分がやるべきこと、やれたことを明示しています。

これらの完了の印は、「見える富」です。

ノートに書き出すことで、自分が達成した「見える富」も、人生の大切な時間といった「見えない富」も、すべて把握できます。

すると、何もないような日常でも、ノートを振り返ってみると「けっこういろいろやってきたな」と、自分が手にしてきた富に気づけるのです。

1日を振り返ったり、自分と向きあったりして気づいたことを、言葉にする。

他に何もすることがない、させてもらえることのない修道院という環境で過ごしたからこそ、身についた習慣です。

私はこのスタイルを、もう10年近く続けています。

自分の日常には何もないと感じている人は、ぜひやってみてください。

自分が手にしてきた、ささやかな富に気づけることでしょう。

6

「小さな幸せ」に気づける人こそ、本当に幸せな人

シスターたちに学んだ「幸せ」へのヒント

修道院にいた約6年間、私はさまざまなシスターたちと触れあってきました。

私が所属していた修道会は複数の法人を経営していたため、シスターたちは組織の要として働くなど、社会的な福祉者として立派な一面をお持ちでした。

ですからシスターたちには、与えられた役割に従った毎日の業務があります。

ですが皆、粛々とこなしながらも、いつも笑顔で、穏やかでした。

大きな変化のない毎日に対しても、「今日もありがとうございました」と、日々感謝していたのです。

そんなシスターたちと過ごして、気づいたことがあります。

とても小さなことで、当時はその重要さと奥深さに気づいていなかったのですが、じつはそこに**「幸せ」になるヒントが多く隠されていたように思います。**

この章の最後に、その気づきをお伝えいたします。

✿「幸せのハードル」を下げる

ある、お年を召したシスターがいらっしゃいました。

絵を描くのがとても上手で、お花を丁寧に育て、私たち志願生が学校から帰ってくると美味しいおやつを用意してくれました。

10代の私は、そのシスターの素晴らしいお仕事ぶりに感動しながらも、若気の至りでこんなことを聞いたことがあります。

「小さなことを毎日こなしてくださり、ありがとうございます。ですが、小さなお仕事でも幸せを得られますか？」

すると、シスターはこう答えました。

「ええ、とても幸せですよ。**私は幸せのハードルが低いのよ**」

絵を描くこと、庭の花が咲くこと、美味しいおやつができること、今日も遠くから子供たちの元気な声が聞こえてくること。

そのすべてが幸せだと、教えてくれました。

年に一度の学園祭の頃にだけシスターたちが総出で作ってくださる格別に美味しいアップルパイを頬張りながら、そのお話を聞いたことを覚えています。

幼稚園の先生をしている別のシスターは「毎日、子供たちが笑顔になることが嬉しい」と言っていました。

学校の先生をしているシスターは「自分が教えたことが、学生たちの身になることが嬉しい」と。

老人ホームで奉仕しているシスターは「今日も穏やかな1日を提供できたなら嬉しい」と。

どのシスターも、それはもう「幸せ」そうにおっしゃっていました。

当時の私は、その言葉の意味があまりよく理解できていませんでしたが、たしかに皆、いつも幸せそうでした。

「お金が欲しい」「名声が欲しい」といった考えは微塵《みじん》もなく、ただ毎日をワクワクして生きていました。

今なら、それがいかに幸せで自由なことか理解できます。

「何事もない1日」に感謝を捧げる

修道院の生活は、朝から晩までとにかく祈りが生活の中心です。

次の章で詳しくお伝えしますが、毎回の食事の前後はもちろん、昼も夕も夜も祈りばかりで、1日の4分の1くらいは祈っていたように思います。

「今日もすべてのことに感謝いたします」

「自らを律し、反省します」

「世界と隣人が平和でありますように」


そう、祈りとは、**目の前にある幸せに気づき、感謝することでもあるのです。**

聖書にも、こう書いてあります。


いつも喜んでいなさい。

絶えず祈りなさい。

どんなことにも感謝しなさい。これこそ、キリスト・イエスにおいて、神があなたがたに望んでおられることです。


テサロニケの信徒への手紙一 5章 16-18節

敬虔なカトリック信者である母も毎日、「今日も1日を無事終えることができました」「今日も食事をありがとうございます」と神様に感謝の祈りを捧げていました。

いっけん不自由に感じられる「何もない1日」にも、小さな幸せが隠れています。
何事もなく終わる1日に目を向け、そのありがたさに気づける人。
そこに喜びを見出せる人。
そんな人こそ、本当に幸せな人と言えるのではないでしょうか。

1章のまとめ

欲しいのに、手に入らない。

この1章では、「不足」という不自由から私が学んだことをお伝えしてきました。
最後に、学びの内容をまとめましょう。

1 目に見えるモノに価値はない

2 手放すから「大切さ」に気づける

3 流れゆく「情報」は必要ない

4 人は、「ない」から「創造」する

5 「自分と向きあえる時間」がいちばん尊い

6 「小さな幸せ」に気づける人こそ、本当に幸せな人

「ない。ない」とばかり思っていた修道院にいた頃の自分に、私は今、こう声をかけてあげたいです。

「よく見て。ほら、そこにもここにも、幸せはたくさんあるよ」

それほどに、この世界は幸せに満ちています。

持てるモノは少なかったとはいえ、着る服はありましたし、屋根のある部屋で寝ることができ、蛇口をひねれば水もすぐに飲める環境でした。

勉強までさせていただき、餓死することもなく充分に食べさせていただきました。

なにより、楽しく笑って生きていました。

いつからか、その当たり前に感謝することを忘れていたように思います。

私から見れば、修道院という環境には不自由さを感じていましたが、ある人から見れば、それもまた贅沢な暮らしに見えるでしょう。

世界には、それらを与えられずに亡くなっていく方もたくさんいます。

欲しいものが手に入らない不自由な環境は、見方を変えれば、側《そば》にある大事なものに気づかせてくれる環境でもあります。

私の修道院時代は、たしかに「モノ」はありませんでした。

それでも、今でも思い出に残っている素敵な瞬間はいくつもあります。

たとえば、私は洗濯の時間が好きでした。

修道院では、もてる制服や靴下の枚数がかぎられていました。

ブラウスは修道院からお借りしているもので、靴下は上長に申告した上で、自宅から送られるかぎられたお金で賄わなければなりませんでした。

ですから皆、絶対に汚さないようまめに洗濯をして、いつも綺麗にしていました。

修道院の屋上に二槽式の洗濯機が2台だけあり、誰かが水洗い部分を回すあいだに誰かが脱水するかたちで、４人だけが洗濯を進めることができる制約でした。

洗濯ができそうなタイミングがあれば、皆1階から屋上のある5階まで階段を駆け上がっていました。放課後なんかは、数十名で洗濯機の取りあいが始まります。もはや争奪戦という様相でした。

だけど私は、この洗濯の時間が好きでした。

風になびく洗濯物を背にした大好きな先輩が、大きく伸びをしながら「今日も気持ちいいね」と、屋上から見える景色を眺めていたことを思い出します。

同じ志願生の仲間と、夜中に部屋を抜け出してベランダに出て、星空を見ながら「将来、私たちはどうなるのだろう」と話し込んだこともあります。

結局、見つかって叱られましたが、私のなかの尊い思い出です。

モノや情報など、何かが不足していることの不自由さは、反対に、今そこに「ある」モノの尊さを私たちに教えてくれます。

そして、感謝の気持ちを思い出させてくれます。

思考に気をつけなさい、それはいつか言葉になるから。
言葉に気をつけなさい、それはいつか行動になるから。
行動に気をつけなさい、それはいつか習慣になるから。
習慣に気をつけなさい、それはいつか性格になるから。
性格に気をつけなさい、それはいつか運命になるから。

マザー・テレサが遺した有名な言葉です。
思考が言葉を変え、言葉から行動、最終的には人生にまで影響を与えます。

「ない」のではなく、必要なものだけが「ある」。
そこにささやかな喜びや幸せを感じ、感謝する。

この思考の転換によって、言葉が変わり、行動が変わり、やがて運命までも変わっていくのではないでしょうか。

そして結果的に、幸せの多い生活になっていることでしょう。

どんなに面倒でしんどい瞬間にも、美しさは見出すことができます。

でも、見せかけの豊かさに目を奪われていたら、その美しさには気づけないかもしれません。

モノに惑わされないから、本当に大切なものに目を向けられる。

これが、私が「不足」という不自由から学んだことでした。

2章

やりたいことをするために

――「制限」という不自由から学んだこと

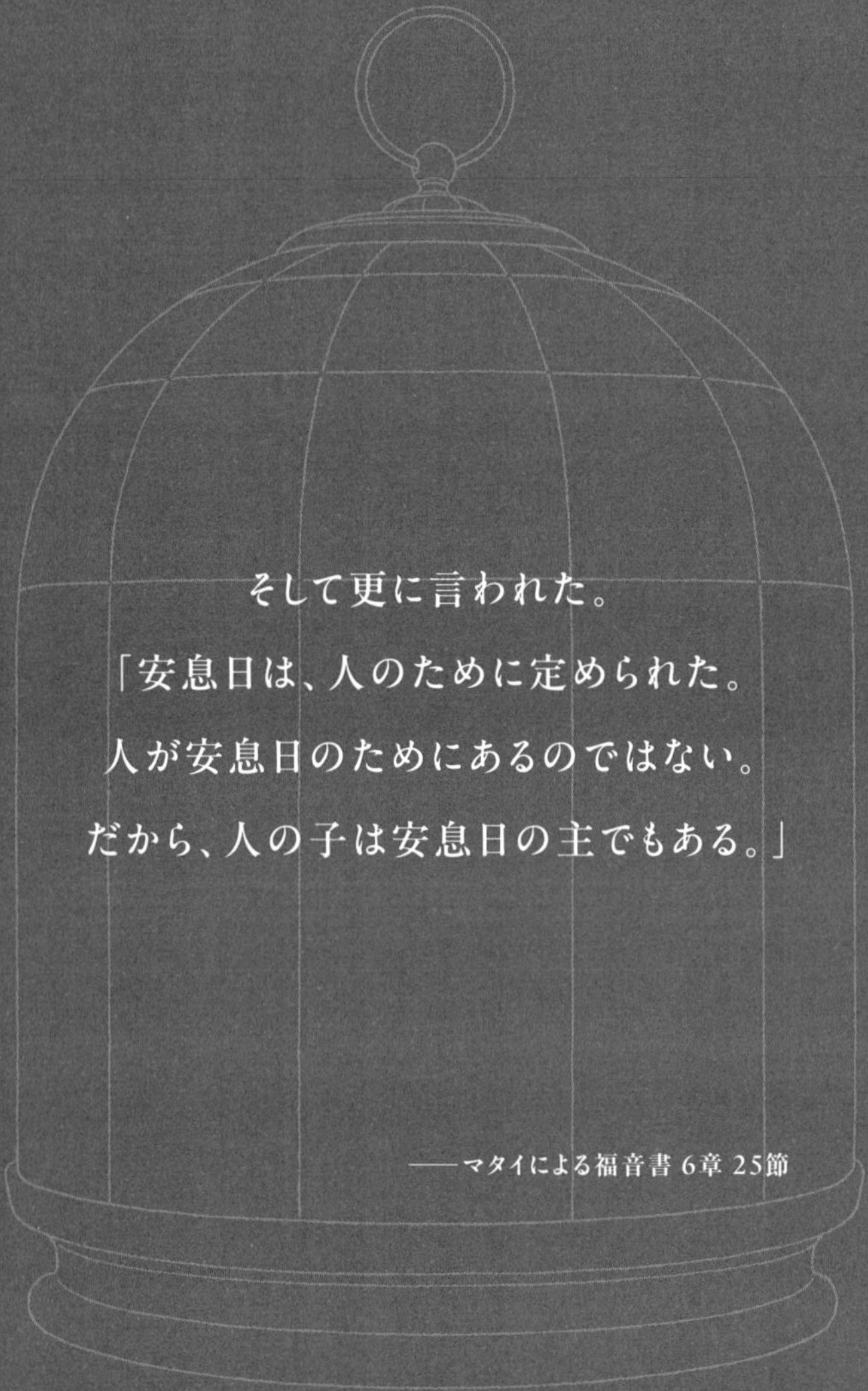

そして更に言われた。
「安息日は、人のために定められた。
人が安息日のためにあるのではない。
だから、人の子は安息日の主でもある。」

――マタイによる福音書 6章 25節

もし明日、まる1日のお休みがもらえたとしたら。
あなたは、何をしたいですか？

気になっていた映画を観にいく。
積んだままになっていた本を読み耽《ふけ》る。
なかなか会えていなかった友達に連絡してお茶でもする。

やりたいことが溢れてくる人もいるのではないでしょうか。
ただ、こんなことを聞いておいて恐縮ですが、現実にはきっと難しいですよね。

仕事や勉強や家事。
やらなきゃいけないことが盛りだくさん。
毎日が同じことの繰り返しで、「やりたいこと」をする自由がない。
そんな現状に陥っている人も少なくないと思います。

それは時間的な問題だけにとどまりません。

髪を染めたいけど、職場や学校の規定で禁止されている。
やりたい企画を提案しているけど、採用してもらえない。
旅行に行きたいけど、仕事を休ませてもらえない。

「あれもだめ」「これもだめ」と縛られ、「やりたいこと」をする自由がない。
乗り越えられない壁にぶつかり、悩んでいる人も多いのではないでしょうか。

「やりたいのに、できない」

修道院にも、敷地を取り囲む壁だけでなく、「制限」という目には見えない壁が無数に存在していました。
この2章では、そんな「制限」という不自由から学んだことをお伝えします。

2章 やりたいことをするために

7

「鳥カゴ」の中にも学びがある

✿「カゴ」の中の生活

修道院にいたとき、私は自分を**「カゴの中の鳥」のようだと感じていました。**

あらゆることが規則や制限でがんじがらめにされていたからです。

修道院の生活がイメージできない人もいるかと思いますので、ここで少し、修道院での1日を紹介させてください。

すべての修道院、志願生が同じわけではありませんし、うろ覚えな部分もありますが、私の場合はこんな感じでした。

修道院での起床時間は朝6時です。

当番の人たちはその少し前に目覚ましをかけて起床し、そっと所定の場所にスタンバイ。6時ぴったりに、手に持った鐘をチリンチリンと鳴らします。

志願生が暮らす部屋は3階と4階に分かれているため、各階に1人ずついる当番が10部屋ほどのドアをひとつずつ開け、すべての志願生を起こしていきます。

目覚まし当番以外の人は、鐘が鳴った瞬間に飛び起きると、布団を10秒もかからず畳み終えて押し入れにしまいます。

そして廊下に飛び出して、洗面所へ行き身支度を始めます。洗面をする場所にもかぎりがありますから、お気に入りの場所を取るために急ぎ足になります。

歯を磨いて髪を整えたら、また急いで部屋に戻って制服に着替え、2階でおこなわれる朝の祈りと点呼に向かいます。

起きてからこの点呼まで、時間は10分もありません。

せっかちな子もいれば、のんびり屋さんな子も。もちろん、朝が苦手な子もいて、私もそのうちのひとり。どうしても布団から出られない日もあって、うっかり寝過ごして起こされることがしばしばありました。

点呼が終わると、小走りで「お御堂」に向かいます。そこで毎朝、シスターや神父様たちとミサを受けます。

ミサはだいたい40分から1時間。そのミサでも、祭壇の準備や、片付け等の当番があてがわれています。

朝の神聖な時間ですが、私たちは未熟な10代、それに起きてからまだ数十分ほどですから、つい居眠りをしてあとから叱られることもたまにあります。

ミサが終わると、次は朝食の支度。配膳当番が急いで炊事場に朝食を取りにいき、数十名分の食事を用意します。朝食はたいていパンと牛乳と果物で、日替わりで塗るジャムや果物が変わります。

「食堂」には食卓がずらりと並んでいて、1つの机に大体4人が座り、果物は目の前に座った人と分けあいます。

全員が揃ったら食前の祈りをして、朝は黙々と食事します。

✿すべてが「塀の中」で完結していた

朝食を20分程度で終わらせると、7時20分頃には修道院の掃除が始まります。担当場所は毎週変わります。場所ごとに掃除の手順やルールが異なるため、時間がかかる場所の場合は、近くにいる人も手伝って掃除します。

20～30分ほどかけて掃除を終え、7時50分頃になると、2階から「カランカラン」と鐘の音が聞こえてきて、登校の時間が告げられます。

登校といっても、中学校も高校も修道院と同じ敷地の中にあります。

一般の生徒も1000人ほど通っていましたが、私たち志願生の日常は、そのすべてが、**塀でぐるりと囲まれた敷地の中で完結していました。**

中学校と高校は一体となっていて、中学1年生から高校3年生まで、教室が混在していました。そのうえ「○○館」といくつもの校舎に分かれており、入学当初は迷路のように感じたものです。

先輩に会釈をしながら教室に向かい、同級生に元気に挨拶をして鞄を置いたら、またお御堂に駆け足で向かいます。8時過ぎからロザリオの祈りがあるからです。

ロザリオの祈りとは、カトリックで古くから愛されている祈りのひとつです。マリア様が受胎告知を受けるところから、イエス様が教えを広め、ゴルゴタの丘で処刑され、復活するまでの軌跡を辿りつつ、世界平和を祈るものです。

教会で神父様主導でおこなわれるミサとは違って、所定の場所でなくともできる祈りであり、よく神父様やシスターの衣装と共に象徴的に描かれることがあります。

私たちも硬い板の上に跪《ひざまず》き、授業の始業直前まで40分ほどかけて毎朝祈っていました。

つまり6時に起きてから9時前まで、**約半分はミサやロザリオなどの「祈り」に費やしていました。**

8時40分頃にお祈りが終わったら、急いで教室に戻ります。50分頃に朝礼が始まり、そのまま授業が開始するからです。

お昼休みになると急いで修道院に戻って昼食をとり、放課後まで一般の生徒と一緒に学校生活を送ります。なお朝食以外は、食事中の会話が許されています。

16時頃になると下校し、修道院に戻ります。

何か郵便物が届いていれば1階の受付前に置かれているため、親や友達からの手紙が届いていないかとワクワクしながら下校したものです。

ただし基本的に、**手紙はすべて検閲されています。**

出す手紙も、「誰に宛てたものか」が監督のシスターに確認されてから投函されます。

ここでやっと「自由時間」となります。

2時間程度ですが、この間もやることは盛りだくさん。

自分の衣服は屋上にある洗濯機や手洗いで洗濯しなければならないし、入浴もだいたいこの間にすませます。

習い事をさせていただいている場合には、この時間にピアノや吹奏楽の授業があります。

修道院に戻ったらおやつが用意されていて、少しだけホッとできる時間です。

当時は子供だったので気づきませんでしたが、食費や学費、習い事、諸々の経費は基本的に修道会が負担してくださっていたのでしょうから、本当に恵まれた環境だったと感謝しかありません。

泣きながら電話する子供たち

17時40分になると、また「カランカラン」と鐘が鳴り、少し緩んだ体を奮起させてお御堂に向かいます。夕方の祈りの時間です。それが終わると走って食堂に行き、夕食をとります。夕食は皆で雑談しながら楽しく過ごせる時間でした。

夕食が終わった18時30分頃から19時までの間だけ、受付にある電話が使えます。ただし予約制で、順番が回ってこないこともあります。

かけるときは、電話をかけたい相手、番号、時間をノートに書き、受信者が通話料を払う「コレクトコール」を使って電話をつないでもらいます。

生活に慣れない新入生は、**たいてい泣いて実家に電話をかけていました。**

ですが話す内容は監督のシスターには聞こえていますから、本当の心情はなかなか話しづらいものでした。

その後19時から21時まで、学習部屋でその日の勉強の復習や宿題をこなし、21時にはまた祈りの時間があります。

夜の点呼では、その日の反省点があれば共有し、それが終わったら洗面をすませてパジャマに着替えて、就寝の準備。中学生は22時、高校生は23時が消灯時間でした。

消灯後、同室の先輩や後輩とひそひそ声で会話していても注意されますから、基本的には静かに就寝します。

青春真っただ中の10代。ダメと言われるほどしたくなるものですが、会話や勉強など許されていない行為をしていたら、**同室の人も連帯責任で懲罰を受けることになります。**

全員で叱られ、担当以外の仕事が加算されるのです。

掃除する箇所や当番が増えたり、祈る時間が増えたりと、自由な時間が減らされて新たな「不自由」が追加されるという感じでした。

曜日や季節によって習い事やイベントがあったりしますが、修道院での生活は毎日がだいたいこれの繰り返しです。

「祈り」ばかりしていますし、移動は基本的にいつも走っていました。

ですがこの鳥カゴの中のような生活からも学べることがあったと、後に気づいたのです。

8 どの世界にも「見えない壁」がある

完全に閉じ込められた世界

学校も敷地の中にあるため、基本的に敷地の外に出ることは許されません。

敷地の外に出られるのは学校のある「正門」か「裏門」のみですが、修道院の勝手口にもセンサーがついていて、修道院を出るだけでブザーが鳴り響きます。

外から通ってくる一般の生徒もいるため、下校する一般の生徒に紛《まぎ》れればどうにか脱出できそうな気にはなります。

実際、その戦略で敷地の外に出ようと画策する人もいました。

ですが、なぜか必ずバレるのです。

その要因のひとつが、「靴」でした。

私たちの靴箱はいつも開いていて、そこには4種類の靴が並んでいました。

「修道院内用のスリッパ」「登下校や学校内用の上靴」「制服で敷地の外に出るとき用の革靴」、そして「私服用の靴」です。

つまりどの靴がないかで、誰がどこで何をしているかが一目でわかる仕組みになっていました。下校時間が過ぎたのに「上靴」がないと、外に逃げ出したことがバレるわけです。


そして靴箱の横には必ずシスターがいました。

帰ってきたら「ただいま帰りました」、出かけるときは「行って参ります」と、大きな声で挨拶することになっています。

誰が院内にいて、誰がいないのか。すべて一目瞭然。

自由に出かけることは許されませんでした。


当時は2000年代に入りたて。

プリクラ全盛期で、プリクラの交換はある種、女子中高生のコミュニケーションのひとつでした。

「プリクラを撮りに友達と出かけたい！」

そんな願望を抱いていましたが、絶対に許されませんでした。

乗り越えてはいけない壁との衝突

1章でお伝えしたように、修道院は携帯もテレビもダメ。

それなら「友達と仲良くするのはいいだろう」と思って手をつないでいたら、それもダメと言われました。

「一体何だったら許してもらえるのですか？」

さすがに耐えられなくなって、シスターに喧嘩腰で質問した記憶があります。

本当にそれくらい、**あらゆることが制限された生活でした。**

私は規則に従順に従いつつも、絶望と憤りを感じていました。

今思うと、あれは「何かに依存するな」ということだったのかもしれません。大人になった今であれば、何かに依存することの危険性はよく理解できます。ですが、それを口頭で伝えられた記憶はありません。

「理由があるのなら、ハッキリ言ってくれないとわかりません」

当時はそんなことを言える環境ではありませんでした。

同級生は毎日家に帰り、好きに放課後を過ごし、携帯もテレビも自由に見られるのに、私は「ルールだから」と禁止される。

束縛されることが大の苦手な私は、もういっそ脱走してしまおうかと、夜に部屋からベランダに抜け出して星空を眺めながら何度も考えました。

このルールという枠と、修道院の脇にある、よじのぼれないわけでもない壁が同じに見えました。

✿この世界は「壁」だらけ

したいのに、できない。

そこにはさまざまな理由があると思います。

原因が自分にあるのであれば、解決のための努力が可能です。

でも納得できないのは、**それがルールや規則などで制限されている場合。**

有無を言わさず「ダメ」と言われては、自分ではどうすることもできません。

そんなとき、人は強い「不自由」を感じます。


ですが今となっては、あのとき「壁」と向かいあえて良かったと感じています。

修道院を出たあとも、**社会にはいくつもの「壁」があったからです。**

ケーキ屋でのアルバイトから始まり、日雇いの派遣業務、外資系大手スポーツブランドの販売員など、修道院を出てからはさまざまな企業で勤めてきました。

すべての場所にルールが存在し、制限され、無力感を感じてきました。

それもそのはず、社会はルールによって成り立っています。

皆が心地良く生きていくためにはルールが欠かせません。

何かに挑戦したり、新しいステージに向かったりと前進するときも、必ずと言っていいほど、ルールという壁が立ちはだかります。

そのたびに戸惑ったり抗ったりしていては身が持ちません。

修道院での生活を送ったおかげで、その後の社会でも壁にぶつかったとき、「そりゃ、そうだよな」と、**その存在を素直に認められるようになりました。**


この世は見えない壁で溢れているのだから、悩んでもしかたがない。

これが、壁だらけの修道院の生活で私が学んだことでした。

9 人は「意志」の弱い生き物である

人は生まれながらにして罪を背負う

「アダムとイブの話」をご存じでしょうか。

聖書にあるこの話では、神は1週間かけてこの世界と、男(アダム)と女(イブ)を創りました。

その世界は食べるものに困らない楽園でしたが、善悪を知る知識の木の実だけは「食べると死ぬから食べてはいけない」と、2人は言いつけられていました。

しかし蛇にたぶらかされたアダムとイブは木の実を食べてしまい、楽園を追放されることになります。

神様に背《そむ》いた2人の罪を「原罪」といい、人間はこの世に生まれ落ちた瞬間から罪深い生き物であると伝える話です。

幼い頃からこの話を聞かされてきた私は、今も神様が創った世界にいるのだから、ルールに沿えない自分にも「原罪」があると信じていました。

極端にいえば、「生まれた時点で悪魔のような一面も持っているのが人間」という自責の念が絶えずありました。

そして、その罪を償うためにも、**規律に従って「正しく在らなければならない」と思い込んでいたのです。**

そんな完璧主義思考が、幼少期から私を苦しめていました。

原罪の意識はなくとも、「規則には従わなくてはいけない」「従えない自分はダメな人間だ」と、自分を責めてしまう人は多いと思います。

正しく在りたい気持ちが強いからこそ、**そうなれない自分が許せないのです。**

ですが不自由だらけであった修道院での学びが、私をこの縛りから解き放ってくれました。

✿とにかく苦痛だった「週末の教会」

カトリック信者だと言うと、正しい善い人なのだと誤解されることがあります。ですが「正しい」から信者になるのではなく、**「正しく在りたい」からなるものです**。自分は煩悩だらけだと自戒する者が、救われたくて集まり、懺悔《ざんげ》し、自らを律します。

信者だからといって、人間が完璧にできているわけではないのです。

「アダムとイブ」と同じ罪を抱え、それを償うためにも、規則に従って生きなくてはいけない。

そう信じていた私も、実際はとても未熟で、自分勝手な人間でした。

とくに面倒に感じていたのが、教会に行くことでした。

我が家はカトリックだったので、まだ修道院に入る前、小学生の頃から毎週土曜日と日曜日は教会に通い、シスターに神様のことを教わっていました。

教えを学ぶこと自体は面白かったのですが、行くまでが苦手でした。

教会はとても急な坂の上にあって、それを登るのがとにかくつらかったのです。夏は照り返すアスファルトの坂道が嫌いだったし、冬は凍結して冷え切った道を登るのが嫌でした。

教会でもらえるお菓子に釣られて、ようやく行っていたくらいです。

それに学校のない土曜と日曜は、束の間の休息を得られる時間のはず。日曜は朝8時からアニメ「ご近所物語」をやっていて、学校で話題になるから見ておきたいのに、教会に向かわなければならない。

なんのためにするのかがわからず、根性もない私はとにかく不満だらけでした。

一度、平日の早朝に教会でのミサに行かねばならないときがありました。どうしても嫌だった私は、**教会へと続く坂の手前にある小学校に逃げ込みました。**

でも、そんなときにかぎって母にバレてしまい、普段は温厚で優しい母に、そのときだけはきつく叱られてしまいました。

他の日は真面目に通っていたのに、よりによってサボった日だけバレるなんて。
自分の運のなさを呪いました。

✿「弱さ」も含めて自分という人間

規則に従い、正しく生きたい。
そう思う一方で、こうも考えてしまいます。

「お祈りの時間は大切なのに、嫌になってしまう」
「修道院で過ごすよりも、もっと友達と遊びたい」
「人と仲良くしなくてはいけないのに、誰かと同じ部屋で暮らすのが嫌だ」

すっかり私は自分を「ダメな人間だ」と思うようになりました。
ただ、あるときから、こうも考えるようになりました。

「でも、そう思ってしまうのが私なんだ」

規則と折りあいのつかない自分の性質を、**「弱さ」ではなく「個性」として受けとめてみたのです。**

すると、それまで抱えていた「正しく在らねばならない」という重荷が消え、スッと体が軽くなりました。

ルールや規則に合わせられないとき、ストレスを抱えたり、合わせられない自分のことを責めたくなったりするものです。

でも、**その弱さも含めて「自分」という存在です。**

規則という不自由があるから、そこに相容れることのできない自分らしい思考や行動に気づけます。

そこに目を向けることで、自分がどんな人間なのか、本当は何を求めているのかなど、心の声を自覚できるのです。

10 我慢できないときは本音を吐露していい

制限ばかりの修道院で「許されていた」こと

規則という不自由があるから、それに従えない「自分」のことがわかってきます。その弱みを受け入れることで、気持ちが軽くなります。

とはいえ、そんな自分のことが、嫌になることも当然あるかと思います。その気持ちを否定したり閉じ込めたり、無理に前向きにとらえたりする必要はありません。

制限ばかりの修道院でも、許されていることがありました。

それは、**「本音を吐露《とろ》する」ことです。**

カトリックではミサの前後に「告解」という儀式があります。

週に一度、自分の悪いおこないを神父様に伝えて許しを乞うというものです。

修道院では厳しいルールが課される一方で、人間はそれほど強い生き物ではないということも、ちゃんと理解されています。

そのため、神様に相談する場が用意されているのです。


神父様からは一言二言アドバイスをいただくだけなので5分程度で終わりますが、正直にお話しするわけですので、これがとても恥ずかしいのです。

とはいえ正直に罪と向きあわなければ、この儀式をする意味がありません。

そこで、この告解の時間に、不満や悩みを神様に呟いてみるようにしました。

たとえば「教会に行こうとしたけど、サボりたくなって行きませんでした」など。

自分の中のモヤモヤとした罪悪感を告白していました。


すると、それが精神衛生上とても良い習慣だと気づいたのです。

私は幼少期から答えの出ないことをぐるぐると悩む癖がありましたが、そんなモヤモヤも神様にお伝えすることで手放せました。

自分の中の罪悪感を神様に預けた感覚になり、不思議と心が軽くなりました。

悩み事を書いた紙を破ると気持ちがスッキリすると言われますが、それと似た感覚かもしれません。

心の中で、そっと神に呟いてみる

社会に出てからも、年功序列の給与体制とか、男女で差別された座席配置とか、本当に時代遅れで無意味だとゲンナリすることがたくさんありました。

そんなとき、私は今でもフラッと教会を訪れることがあります。

そして声には出さずに、自分のモヤモヤを呟いてみるのです。

とくに、自分だけの力ではどうにもできない壁にぶつかり、抱えきれない感情が生まれたとき、**それを天に預けてみると精神が整います。**


聖書にはこう書いてあります。

疲れた者、重荷を負う者は、だれでもわたしのもとに来なさい。休ませてあげよう。

わたしは柔和で謙遜な者だから、わたしの軛《くびき》を負い、わたしに学びなさい。そうすれば、あなたがたは安らぎを得られる。

わたしの軛は負いやすく、わたしの荷は軽いからである。

マタイによる福音書 11章 28-30節

「くびき」とは牛車につける枷《かせ》のことで、横木で2頭の牛をつなぐ道具です。自由を奪いたいという意味ではなく、要は、重荷を一緒に背負うためにつながろうという意味で使われているのだと思います。人間の弱さも、重い荷物も一緒に背負い、愛と連帯のためにつながろうということのようです。

聖書には「あなたの神、主の名をみだりに唱えてはならない」ともありますが、これは自身の欲を満たすために頼りすぎるなという意味です。

私たちの小言など、神様からしたらきっと小鳥の囀《さえず》りと同じのようなものです。

ですから神様は、どんなに弱音を吐いても受け止めてくれます。


自分の弱さ、不自由への不満、モヤモヤした感情。

そういったものを感じたら自分を責めるのではなく、**神に祈るような気持ちで罪を告白するようにしてみてください。**

告解のように神父様に罪を打ち明ける必要はありませんが、自分の中にあるモヤモヤに目を向け、神に伝えてみるのです。

実際に声に出さずとも、自らの心のなかで声にしてみるだけでかまいません。

すると、神様が一緒にその罪を背負ってくれて、ほんの少しだけゆるされたような気がしてきます。

修道院で学んだこの儀式が、今でも私を支えてくれています。

11 やりたくないことからも人生は開ける

✿修道院で許された「たった1つの部活動」

何が未来につながるかなんて、誰にもわかりません。

たとえ自分がやりたいと思うことができなくても、まずはできることを頑張る。

そうしていると、**いつしか「運」が回ってきたりもします。**


修道院では、学校の部活動も自由に選ぶことはできませんでした。

私は運動が得意だったため、体育の先生がバレーボール部に誘ってくれたことがあったのですが、部活動に所属するのにも修道院の許可が必要でした。

でも、許可はおりませんでした。

その先生は、どうにか例外を認めてもらえないかとシスターに掛けあってくださいましたが、結果は変わりませんでした。

そんな修道院生活でも、**唯一許可していただける部活動が「手話」でした。**

とくにやりたいわけではありませんでしたが、なんでもいいから部活動がしたかった私は中学生の頃から手話を始めてみました。

すると高校1年生のときにシスターから、「手話による弁論大会」に挑戦してみないかと誘われました。

自信はまったくありませんでしたが挑戦したところ、全国入賞という結果を収めることができました。

「私は表現することが好きなのかもしれない」

自ら望んだことではありませんでしたが、新しい自分に出会うことができました。

ふいに訪れる「啓示」を受け入れる

人生において、「やりたくないこと」は避けられません。
ですがそれは、**神から与えられた使命だと考えてみるととらえ方が変わります。**

カトリックでは、こういった突然の機会を「啓示」と言ったりします。
かのマザー・テレサが貧困の人々を救う活動を始めたのも、汽車の中で「すべてを捨てて、貧しい人のために働きなさい」と啓示を受けたことがきっかけだと言われています。

やりたいことができず、反対に、やりたいとは思えないことが降りかかってきたとき。試しにやってみると、そこから人生が開けることもあるのです。

そうして目の前のことに全力で取り組んでいると、ときに実力以上のチャンスが巡ってきます。

もちろん、明らかにおかしい話や、実現が不可能なことは安請けあいすべきではありませんが、少し背伸びすれば届くかもしれない挑戦であれば「来た波には乗る」べきだと思います。

それもまた、神様からの語りかけかもしれないからです。

「チャンスの神様には前髪しかないから、来たときにつかめ」と、よく言われます。黙って静かに手を合わせて祈るだけが、神の声を聞く方法ではありません。勇気と好奇心を持って行動した先に、神の導きがあるかもしれないのです。

✿ 本当は「フタ」なんてないのかもしれない

修道院を出たあとも、ふいに訪れた波には乗るようにしてきました。

ブランドを作る。メディア取材を受ける。そして、本を書く。

どれも尻込みするような大きな挑戦でしたが、**それは神が授けてくれた試練であり、幸運であると受け止め、挑んでみました。**

「瓶に入れられたノミ」という、有名な寓話があります。

狭いビンの中に閉じ込められ、跳ねるたびに何度もフタにぶつかったノミは、しだいにフタにぶつからない高さまでしか跳ねなくなります。

そしてフタがなくなったあとも、その高さまでしか跳ねなくなるという話です。


これまで何度も壁にぶつかってきたとしても、再び挑んでみたら、**もしかしたら壁はなくなっているかもしれません。**

「自分の限界はこのくらいだろう」という思い込みが、自分の可能性をつぶしているということもあるのです。

やりたいことができないとしても、まずはできることから取り組んでみてください。そしてチャンスが訪れたら、実力が足りないかもしれないなどと尻込みせずに乗ってみてください。

その挑戦が、思いがけない世界を見せてくれることでしょう。

12 「高尚な目的」なんてなくていい

「やりたいこと」が見つからないなら

ここまで、修道院で感じた「やりたいのに、できない」という不自由から学んだことをお伝えしてきました。

ですが今の時代は、そもそも「やりたいこと」がない人も多いように感じます。

学生時代の私も、友達と遊びにいきたいとか、好きな服を着たいといった願望はありましたが、人生を通して「やりたいこと」なんて見つかっていませんでした。

修道院に帰っても日々忙しく、エンタメもない。家庭環境は問題が山積みで、学校も面白くない。そんな日常で不満こそ募るものの、なかなか将来に対しての希望は持てませんでした。

これには、私のある思い込みが影響していました。

「生きる目的は高尚なものでなくてはならない」という自己暗示です。

私は人生において、「社会や人様のため」といった立派な目標を見つけなくてはいけないと思っていたのです。

自分でハードルを高めていたせいで、「やりたいこと」はなかなか見つからず、そんな自分のことをくだらない存在だと感じていました。

✿「7つの大罪」が、人を突き動かす

ですが、「やりたいこと」は必ずしも高尚である必要はありません。

それを教えてくれたのもカトリックの教えでした。

「7つの大罪」をご存じでしょうか。

カトリック教会では「傲慢・強欲・嫉妬・憤怒・色欲・暴食・怠惰」の7つの罪が、伝統的な罪の源だと考えられています。

ダラダラしたい、たくさん食べたい、お金も権力も欲しい。

こういった欲望が罪の源とされるのは、それが他者や自分を傷つけたりするおそれがあるからです。

一方で欲望は、人を行動へと駆り立てる強い原動力にもなります。

たとえば、部活や教会に行くのをサボりがちだった私ですが、途中から「教会にいる可愛い盲導犬に会いたい」とか「教会に行ったらお菓子がもらえる」といったことを目的にしたところ、なんとか通えるようになりました。

それまでは「遊びたい」「逃げたい」といった欲望を抑えていましたが、欲望は人間の原罪ですから、抑えようと思って抑えられるものではありません。

それなら「7つの大罪」のような**人間らしい根本的な欲求を、エネルギーに変えられないか考えてみたのです。**

✿頑張る理由は「不純」でもいい

修道院を出たあとも、私の行動原理は必ずしも「高尚」とは言えないものでした。**「他人を見返してやりたい」とばかり考えていたのです。**

18歳で修道院を出て就職したため、私の学歴は高卒です。

それ自体は自分で決めた道なので後悔はありませんが、学歴のない人間に対する社会の視線は厳しいものでした。

求人に応募しても、履歴書で落とされることがほとんど。

運良く採用いただけた職場で結果を出そうと努力しても、学歴がないばかりに馬鹿にされたり、裏切られたりしました。

そういった経験をするたびに、「いつか結果を出して実力で見返してやる」と、負の感情を溜め込んでいました。

そんな「憤怒」や「嫉妬」といった褒められたものではない感情が、後の挑戦の原動力になりました。

負の感情も使い方しだいでは、人生を変えるエネルギーにできるのです。

ぜひ一度、**不自由に対して生まれた不純な感情と向きあってみてください。**

それが、人生を変える大きな力になるかもしれません。

ただし、進む方向が「正であるか」は気をつけてください。

欲望という感情は強い原動力になる反面、人を飲み込む力も持っています。

好きな感情が溢れすぎてストーカー行為に走ったり、嫉妬しすぎて悪口を吹聴して信頼をなくしたり。

負の感情に飲み込まれて、下手をすれば身を滅ぼしてしまうこともあります。

手段やタイミングはよく考えて、負の感情を上手に飼い慣らしてください。

13

「無」でいいから走りながら考える

✿考えすぎて動けなかった「完璧主義者」

勉強とか、受験とか、就職とか。

「なんのためにやるか」とか「なぜやるのか」とか、自分のなかで明確な答えがでていなくても、とりあえず前に進まなければいけないときがあります。

立ち止まっていてはチャンスを逃してしまいます。

ですが幼い頃の私は、自ら行動できない人間でした。

ひとたび「なぜ？」と気になりだすと、前に進めませんでした。

良く言えば真面目、悪く言えば効率の悪い完璧主義者です。

そんな私を変えてくれたのも、修道院での生活でした。

たとえ理解が追いついていなくとも、**とりあえず行動し、人生を前に進めることの大切さ**を、規則だらけの生活が教えてくれたのです。

✿「意味」を考えても仕方のない日々

修道院での生活は、私利私欲を滅した、ある種、兵隊のような生活です。

「なぜ?」と疑問に思ったところで、「それが神に仕えるということです」「それが神の意志です」と返されるだけでした。

答えになっていませんし、当然、納得はできません。

でも納得していないからといって、日々のルーティーンをしなくていいわけではありません。やらないと厳しく怒られます。


ところが忙しいルーティーンをこなしていくうちに、**理由や目的なんてどうでも**

よくなっていきます。

予定をこなし、先輩たちについていくので必死になるからです。

しだいに「どうすればスムーズにできるようになるか」「一番になれるか」といった向上心や競争心が出てきて、目の前のことに一所懸命になっていきました。

最初こそつらかったものの、数年もすれば無意識でできるように習慣化され、無感情で淡々とこなせるようになりました。

そこで初めて、その習慣の意味を自分なりに考える余裕が生まれます。

配膳したり掃除したりといった淡々とした日々が、ときに自分の役に立つこともあるのだなと実感しました。

よく、手段の目的化はいけないと言われます。

要するに、「こなす」ことが目的になることです。

ですが、**こなしてみないと見えてこない意味や目的も存在します。**

無意味や無価値に思えることでも、とりあえずやってみると、自分なりの意味を見出せたりするものです。

「無心でやる」ことがときに正解になる

高校の同級生から「大学を辞めようかな」とメールをもらったことがあります。きっと彼女は、大学には行かなかった私に賛成してほしかったのだと思います。

ですが私は、こう返信しました。

「目的がないなら、いったん卒業はしたほうがいいと思う」

すでに社会に出ていた私は、高卒に対する世間の厳しさを身に沁みて実感していました。学歴を手放すということは、いまだ学歴社会の面が残る現代社会においては、職業の選択肢を減らす行為となりかねません。

目的がないからこそ、今しかできないことをやっておくべきだと思ったのです。

夢や目的がなく、今の生活や仕事に意味を見出せない人もいるかもしれません。

やりたいことができない無意味な日々を不自由に感じているかもしれません。

ですが、夢や目的の先に、思い描いた未来があるとはかぎりません。

この世界、どう転ぶかもわからないことだらけです。

嫌だと思っていたことの先に、夢を見出すことだってあります。

ですからたとえやりたくないことでも、「生活のため」「家族のため」「将来の可能性のため」なら、**まずは無心でこなしていけばいいと思うのです。**

無心でもいいから動いてみれば、何か別の世界が見えてくることもあります。

今はしんどく感じることも、その経験がいつか意味を持つ可能性は充分にあります。

昔の私みたいに、始める前から考え込んで一歩も踏み出せないよりは、何倍も良いと思います。

「やらなきゃいけないこと」があるというのは、ありがたいこと。

これも、規則だらけの修道院の生活で私が学んだことです。

14 「ぜんぶ決まっている」ことは幸せ

✿分刻みの予定をこなして起きた「変化」

1章でお伝えしたように、モノのない修道院での生活は、意識を「自分」へと向けさせてくれました。

それと同様に、ルーティーンだらけの生活もまた、私の思考をクリアにし、大切なものへと意識を向けさせてくれました。

この章の冒頭で、修道院での1日のスケジュールをご紹介しました。

分刻みのスケジュールをよくこなしていたものだと、我ながら思います。

修道院に入った当初は、慣れない環境やこのハードなスケジュールに感情や思考がグルグルと混乱しました。

ですが当初は困惑した生活も、**2～3ヶ月もすれば慣れていきました。**次に何をすべきかを考える前に、おのずと頭と体が反応して、無意識のうちに行動できるようになっていったのです。

✿「言われたことをやる生活」は、とてもラク

無意識で日々のルーティーンをこなせるようになると、「次に何をやるか」で悩まなくなります。

朝起きる時間、準備の仕方、朝食、通勤途中に聞く音楽など、きっと皆さんにも日々のルーティーンがあると思います。

何も考えなくても勝手に体が動くほど、その習慣が身についている人もいると思います。

家を出たと思ったら、いつの間にか会社に着いていた、あの感覚です。

やるべきことがすべて決まった生活を何年も繰り返していると、しだいに何も考

えなくても日々を過ごせるようになるのです。

「考えなくていい」というのは、じつはとてもラクなのです。

私は会社員とフリーランスの両方を経験していますが、独立した今でこそ思うのは、**とりあえず言われたことをやっていればよかった会社員時代のほうが、ある意味ではラクだったなということです。**

「明日は何時に起きよう」
「どんな服を着よう」
「どこで、どんな仕事をしよう」

独立してからは、日々こういったことを自分で考えて行動します。

そしてつねに、「本当にそれでいいのか」「他の選択もあったのではないか」と、自問自答しています。

1日の過ごし方を誰かに決めてもらえている生活は、ある意味ではとてもラクだったのだと、修道院時代を振り返って感じています。

✿ルーティーンだらけの毎日は「瞑想」のようだった

日々の習慣を無意識でできるようになると、分刻みのスケジュールや次々に押し寄せるタスクをこなしているのに、なぜか頭は冷静で、周囲のことがよく見えている感覚になっていきます。

すると、そこから何かを感じたり、自身を内省したりすることがおのずと増えていきました。

こういった「気づき」が、修道院では大切にされていました。

1章でお伝えしたように、修道院では日々の出来事や思考、感情をノートに書いて反省する時間がありました。

他の方がどうしていたかはわかりませんが、私は「道端に咲く花が健気《けなげ》だ」とか「朝の空気はこんなに澄んでいる」という些細なことも書いていました。

習慣化によって訪れる「無心の状態」での気づきこそが、神様の声である。

そう感じていたのです。


いくつものルーティーンを無心でこなして過ごしていた修道院での生活は、**もはや「瞑想」であった**のだなと、当時から20年経った今、気づきました。

淡々とした生活は、刺激は得られなくても、無心にならせてくれます。

そして見逃していた日常の変化や、自分の感情に気づかせてくれます。

律された生活が、心を落ち着け、日々を大切に生きる力を与えてくれたのです。

15 単調な日々は「安全地帯」になる

✿揺れ動く感情を元に戻すには

私たちの感情は、日々、振り子のように揺れ動きます。

なかでもとくに強いのが、怒りや悲しみといった負の感情のエネルギーです。

負の感情はとても腹持ちがよく、いつまでも「あのときのこと」で怒り、憎しみ、悲しみ、自分の意識の大部分を消費していきます。

結果的に、自分の大事なエネルギーを消費し、**より大切な自分の人生に時間を費やせなくなります。**

そういった感情を手放せずに悩んでいる人もいることでしょう。

そんなときこそ、単調な日々のありがたみを感じるものです。
日々のルーティーンは、私たちを無心にさせてくれます。
この無心の状態こそ、**まさに負の感情を手放せている状態です。**
負の感情が湧いても、「習慣」が私たちを平常心に戻してくれます。
「いつもどおり」を実行することで、精神も「いつもどおり」に戻るのです。

感情が揺れたら「いつもと同じこと」をする

昔の私は完璧主義で、神経質な部分があり、不安症でした。
よく感情に翻弄され、そんな自分をどうにかしたいと思っていました。

そこで修道院時代の私は、誰かと喧嘩したり、何か嫌なことがあったりしたら、まずはひと晩寝るようにしていました。
そして翌朝起きたら、いつものように食事やお祈りといったルーティーンを淡々とこなします。

朝日に包まれた気持ちのいい空気のなかを走ってお御堂に向かい、手を合わせると、「ま、いっか」と、嫌な気持ちを手放せました。

そして次の日には、「自分が感情的になっていただけだから謝ろう」とか、「やっぱりこの部分は納得できないからもう一度話そう」とか、自分の感情や相手の行動を冷静に俯瞰《ふかん》できるようになっていました。

私の友人に、あるルールを決めている夫婦がいます。

夫婦喧嘩をした次の日の朝は、それまでの感情はさておき、必ず旦那さんが奥さんに珈琲を入れてハグをするそうです。

そうすることで日常の感情を取り戻せるのだとか。

とても素敵なルーティーンだと思います。

人間の感情は意外と単純なもので、日々の習慣をおこなうことで思考も平常運転に戻っていきます。

感情に波が立ったとき、**あえていつもと同じ習慣をおこなってみると、普段の穏**

やかな気持ちを取り戻せるのです。

カトリックでは祈りの姿勢は自由なのですが、私は修道院で祈るとき、よく両手を胸の前で合わせていました。

このルーティーンを何年も続けたことで、今でもこの姿勢をとることですぐに「精神統一状態」に入れるようになりました。

深い悲しみが押し寄せた「ある冬の日」のこと

習慣に身を委ねることで、大きな感情の揺れをも落ち着かせることができます。

私自身、この力に大いに救われたことがあります。

私が15歳のときでした。

幼い頃から体が弱かった兄の病が悪化し、いよいよ入院することになりました。

当時、兄はまだ25歳と若かったため、快復してくれるだろうとは思っていましたが、状況は深刻でした。

修道院では月に一度しか外出が許されないため、お見舞いには数える程度しか行けませんでした。

それは、1月8日になったばかりの夜中でした。
今でも鮮明に覚えているのは、その日が高校受験の日だったからです。
前日は危篤の兄がいる病院にかけつけ、いったん帰宅しました。
その後、少し勉強をして、眠気があったもののなぜか寝付けませんでした。
すると1本の電話が入り、電話を受けた長兄から、こう伝えられました。

「亡くなったそうだ」

私は夜通し泣いて、寝たのか寝ていないのかわからない状況で朝になりました。
少し雪が降りそうで、吐く息の白さや、かじかんだ手の痛みを感じたのを覚えています。

それでも私は、朝を迎え、**高校受験の会場に向かいました。**

もちろん、兄の死が哀しくなかったわけではありません。

兄は末っ子だった私の面倒をよく見てくれました。

私にとっては父親のような存在でもあり、憧れの存在でもあった兄が亡くなったのですから、まだ現実味はなくとも、心の底には大きな喪失感がありました。

だからこそ、ひとりになって感傷に浸ってしまうと私は深い闇に堕ちてしまうと思い、あえて予定どおりの1日を過ごそうと考えたのです。

「習慣」の世界に逃げ込む

17歳で父が亡くなったときも同じでした。

葬儀を終えた翌々日には、高校の林間学校に参加しました。

周りの友達には気を遣わせてしまい申し訳なかったですが、私にとってはいつもの仲間たちと日常を過ごすことが、大きな悲しみを癒すための薬だったのです。

その後、できるだけ早く修道院の生活に戻り、学校にも行きました。

溢れんばかりにあった「怒り」「哀しみ」「不安」の感情も、普段の生活を淡々とこなすことでやり過ごせるはず。

修道院の生活でそのことがわかっていたから、休まなかったのだと思います。


人間は基本的に、ネガティブな生き物だと思います。

悪い将来を予期して不安になるし、悲しい過去を振り返ってしまいます。

だから暇があれば、余計な思考のなかに沈んでしまいます。

「なぜあのとき、ああしてあげられなかったのか」「あんなことをしたのか」と、行き場のない感情に押しつぶされそうになります。


でも**「やること」があれば、そういったネガティブなことを考える暇がなくなります。**

いつもと同じように食事をしたり、会話したり、お風呂に入ったり寝たりするだけで、どうしようもない事実から視線を逸らすことができます。

兄と父を亡くした直後の私も、日々の目まぐるしいルーティーンに救われました。

怒りや哀しみ、憎しみに包まれそうになったとき、それを手放すのは簡単ではありません。無理に明るく振る舞うのもつらいでしょう。

それなら習慣の世界に逃げ込み、**いったん「無心」になってみてください。**

すると、時間が悲しみを風化させてくれます。

やりたいことができず、いつも同じ毎日を過ごしていた。

そんな不自由な世界が、苦しみの多い人生を生き抜くための知恵を教えてくれたのです。

2章のまとめ

やりたいのに、できない。

この2章では、「制限」という不自由から私が学んだことをお伝えしてきました。

最後に、学びの内容をまとめましょう。

7 「鳥カゴ」の中にも学びがある

8 どの世界にも「見えない壁」がある

9 人は「意志」の弱い生き物である

10 我慢できないときは本音を吐露していい

11 やりたくないことからも人生は開ける

12 「高尚な目的」なんてなくていい

13 「無」でいいから走りながら考える

14 「ぜんぶ決まっている」ことは幸せ
15 単調な日々は「安全地帯」になる

制限ばかりの生活で思い知ったのは、「壁」があることのありがたみでした。


自由に外出できない。

友達とも遊びにいけない。

規則ばかりで、好きなことができない。


壁ばかり感じていた修道院生活でしたが、今になって振り返ってみると、それは私たちを外敵から守ってくれていたようにも感じます。

壁の向こうが、自由で安全な世界とはかぎりません。

当然、危険に巻き込まれるリスクもあります。

多感な時期ですから、街に繰り出して誘惑に魅入られてしまい、本当に大事なことを見失っていたかもしれません。

それに規則やルールといった壁と向きあったことで、その後の社会で立ちはだかったあらゆる壁にも、動じることなく向きあえました。

壁の内側に閉じ込めておくことはいっけん乱暴にも見えますが、あらゆる外敵や誘惑から私たちを守りながら、安全な環境で精神を鍛えてくれたのです。

壁の内側の世界は、見方を変えれば安全地帯でもあります。

外敵から守られながら身を癒すことができる、そんな自分だけの「聖域」と言えるかもしれません。

そして、いかなる規則やルールがあったとしても、誰も制限することができない行為がひとつだけあります。

それは、「考える」ということ。

人の思考だけは、いつだって自由です。

壁によって守られた生活だからこそ、じっくり考えられることがあります。

たとえば、自分が本当にやりたいことは何か、です。


修道院にいた頃、数ヶ月に一度くらい、放課後に「ホスピス病棟」にボランティアに行っていました。

ホスピス病棟は、死を待つ人が穏やかに暮らすための病棟です。

そこでひたすら、お茶をくんで回る奉仕活動がありました。


ほとんどの人は静かに休んでいますが、ときどき話をしてくれる方もいらっしゃいました。

そこでひとりの男性からお聞きした話が、今でも忘れられません。


「学生さん。私は死を間近にして思うとよ。世の中のルールに縛られすぎなければよかった、と。あんなに仕事しなくてもよかった。お金や評価を稼いでもあの世には持っていけない。

それより、自分を選んでくれた人を、もっと愛せばよかった。家族や子供。そして自分自身をもっと大事にすればよかった。

家のローンを必死に払うことが家族のためと思っていたが、稼ぐために家族との時間を削ることもしなくてよかった。

人に与えた分が還ってくるのだろうけど、与える相手は選ばんといかん。時間は有限やけん」

人生の意味や目的に正解なんてありません。

お金、評価、成功。

欲望を原動力にすることは悪いことではありません。

ただ、その願望が、社会的な価値観によって「やりたいと思わされている」場合もあります。

かぎりある人生ですから、自分が本当に心から「やりたい」と思えることを見つけてほしいと思います。

自分の人生を考えるうえで、壁に守られた環境は最適です。

「ルールだらけの日常」は裏を返せば、自分で何も決めなくていい、つねに思考が自由な暮らしといえます。

自分のことを考えたり、世の中のことを考えたり、将来のことを考えたり。

そうして見つけた答えが、ゆくゆくは自分の運命になっていくのです。

自分を取り囲む壁は、大事なことをじっくり考える私を守ってくれていた。

これが、私が「制限」という不自由から学んだことでした。

3章

喜びを感じて生きるには

――「滅私」という不自由から学んだこと

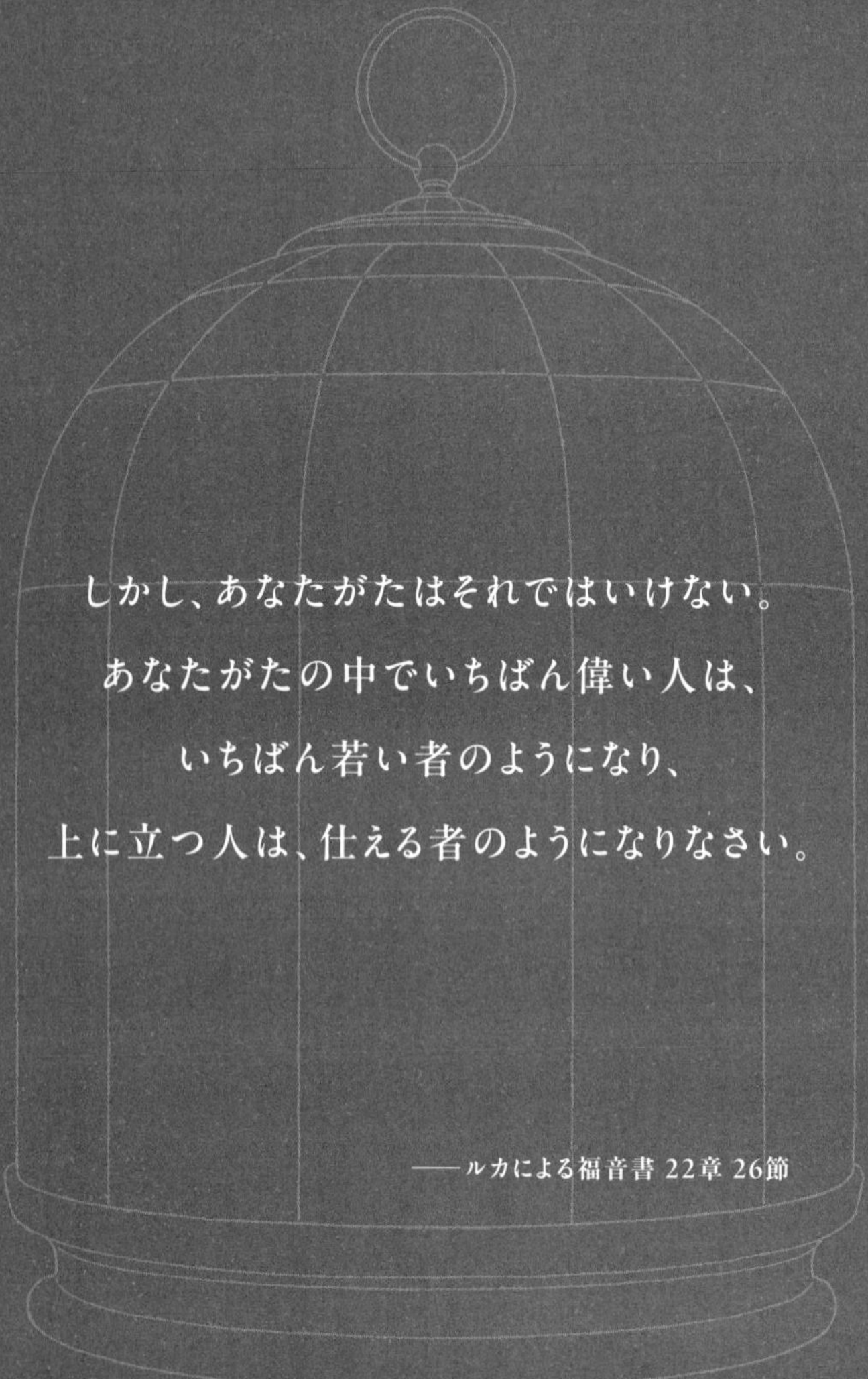

しかし、あなたがたはそれではいけない。

あなたがたの中でいちばん偉い人は、

いちばん若い者のようになり、

上に立つ人は、仕える者のようになりなさい。

——ルカによる福音書 22章 26節

あなたは明日、どこで、誰と、何をしますか？
予定を思い浮かべてみてください。
そして次は、こう考えてみてください。

「それは、自分のためか？」

きっと、そうではないと感じた人もいることでしょう。

会社で頼まれた面倒な仕事を片付けなくちゃいけない。
友達の誕生日に贈るプレゼントを用意しなきゃいけない。
子供が汚して帰ってきた洋服を洗濯しなくちゃいけない。

人生のすべての時間を、「自分のため」に使えるわけではありません。
多くの人が何らかの役割をこなしているわけですから、それに応じて、「誰かのためにしなくちゃいけない」ことも多いと思います。

やりたいことができない一方で、「やりたくないことをしなくちゃいけない」ことも、生きていくうえで感じる不自由です。

敬虔な印象のあるシスターでさえ、ときには面倒くさいと感じているようでした。

「私、もうほんとにやだ。やりたくない」

監督をしていた若いシスターが、自身が嫌われ者になるような役目を命じられて、こう言っていたのを聞いたことがあります。

シスターだって、嫌なものは嫌なのです。

自分を抑えて、「誰かのため」にやらなくちゃいけない。

それ自体は仕方のないことなのです。

この3章では、そんな「滅私」という不自由から学んだことをお伝えします。

3章 喜びを感じて生きるには

16

「誰かのため」は「自分のため」になる

「誰かのため」ばかりの日々

あなたは最近、「自分のための時間」を過ごせているでしょうか？

きっと、そうではない人が大半だと思います。

仕事、家事、育児。

大人になれば1日の大半は「誰かのための時間」ばかりになります。

ですが「誰かのため」が、気づけば「自分のため」になっていることもあります。

それに気づかせてくれたのも、やはり修道院で経験した「不自由」でした。

修道院の生活には、いくつもの奉仕活動が組み込まれていました。

2章のまとめでお伝えしたホスピス病棟でのボランティアや、学校のお御堂の掃除、夏休み等の長期休暇中は幼稚園のお手伝いなど。

お御堂の掃除では、結構な広さのある床をすべて掃いて水拭きし、ワックスをかけて椅子を並べ直します。単純作業ですが、ラクなことではありませんでした。

冬休みには修道院のみんなで遠征して、施設で演劇を披露したりもしていました。

修道院から外出できるわずかな時間さえ、すべては「誰かのため」だったのです。

ですが、こういった奉仕活動には、学びもありました。

たとえばお御堂の掃除。この経験のおかげで私は会場設営が得意になり、仕事でイベント運営をする際などに役立っています。

幼稚園でのお手伝いでは、その体験を通じて子供との接し方がわかりました。

演劇では脚本や演出などをしていたので、今のプロデュース業といった仕事と大差のないことをしていました。

すべての奉仕活動が、**将来の「自分のため」につながったのです。**

15年の時を経て「自分のため」になった

「誰かのため」が、「自分のため」になることもある。

修道院時代に得たこの学びは、私の人生において大きな財産となりました。

なぜなら社会に出たあとも、人生は「誰かのため」ばかりだったからです。

たとえば、修道院を出たばかりの18歳の頃。

お金がなかった私は大学に進学することもできず、東京に行きたいと願うも、家族が許してくれませんでした。

そこで名古屋にいる兄夫婦の家の一室を借りて、舞台美術の仕事やモデルのレッスンを受けながら、生活費の足しにするためにケーキ屋でアルバイトをしていました。

その当時、私のことをよく可愛がってくださったお客様がいました。

女性のお客様で、当時は30代後半〜40代くらい。小さなお子様がいて、どうやら旦那様がご本人が会社を経営しているようで、よくギフトラッピングを指名して頼んでくださいました。

「今日は可愛らしい感じで」「男性に差し上げるから爽やかに」といった要望に、私は毎回必死でお応えしました。

技術は未熟でしたが、懸命に笑顔で接客をしていた記憶があります。

それから15年後、**新聞に出ている私を偶然見つけたそのお客様が、お仕事のご連絡をくださいました。**

きっとあのときの笑顔を今でも覚えていてくださったのでしょう。

「お客様のため」に必死だった日々が、未来の「自分のため」になったのです。

「師匠の犬」を散歩させた日々

1章でお伝えしたように、アルバイトや派遣社員を転々としたあと、私は20代前半で、着物の和柄をデザインする「図案家」と呼ばれる世界に弟子入りしました。

私が入ったデザイン事務所は、和柄を専門としつつも、着物のようなテキスタイルのデザインから、ゴスロリに使われるような洋服の柄の提供、ゲームの衣装、本の製作も手がけたりと業務は多岐にわたり、忙しい毎日でした。

ですがここでも、ほとんど毎日「誰かのための仕事」ばかりでした。

朝の掃除から始まり、師匠が飼っていた犬の散歩をして、お茶をいれて……。デザインとはまったく関係のない仕事が大半でした。

自分のスキルや経験のためになっていると感じられたら、まだ受け入れやすかったのかもしれませんが、自分のためにはならない、**完全に会社や師匠のための毎日だったのです。**

そしておまけに、すでにお伝えしたように、その会社に採用いただいた際の条件は「3年間無給」でした。

「デザインの勉強をしにきたのに、私は無給で何をやっているのだろう？」

「こんなことばかりしていていいのだろうか？」

技術も経験もない私は、焦りを感じていました。

ですが、それでも受け入れられたのは、修道院時代に「誰かのためが、いつかは自分のためになる」という学びを得ていたからです。

意味もわからない指示をされても、一回受け入れてみようと思えました。

すると、**まったく無意味なように思える作業からも、学びを得られたのです。**

たとえば犬の散歩をしているとき、京都の左京区、銀閣寺のすぐ下にある哲学の道を通る際、小道に咲く季節の花が目にとまります。

桜の時季などは一面の桜並木からの桜吹雪が、滋賀県から流れる疏水《そすい》の水面におちて「花筏《いかだ》」になります。この情景は、外をのんびり歩いて季節の変化を味わわなければ気づけないことでした。

ほかにも、小川の水はこう動くのか、花はこの時期にこんな構造で咲くのかと、気づきを得て記憶にとどめ、帰宅後に模写するようにしていました。

こういった気づきは、着物の表現のために水墨画を始めた際に役立ちました。

ほかにもその頃の「無意味に思える経験」は、後の創作活動で活かされています。

時代錯誤な環境に反発し、仕事を放棄することもできたかもしれません。

ですが、たとえ自分のためにはならないように思えても、「いったんやってみよう」と考えてがむしゃらに頑張っていました。

すると、誰かのためにやったことからも、学びを得られたのです。

✿「小利口」になりすぎてはいないか

「誰かのためにやることばかりで、うんざりする」

そう感じたときは、目の前のことに「小利口《こりこう》」にならず、まずは一所懸命に取り組んでみてはいかがでしょうか。

「小利口」とは、江戸時代の武士、山本常朝《つねとも》の談話『葉隠』に出てくる言葉です。

そこに、こんな一節があります。

「才能があっても人望がなければ、その力を発揮することは難しい。逆に知恵や才能で劣っていても、心から役に立ちたい実直さや純粋さがあれば、思いもよらない成果や幸運に恵まれることがある。何事も小利口ではうまくいかないのだ」

便利さや効率を求めるばかりに「小利口」になってしまい、何事も損得で考えて、リスクを避けてしまうことはよくあるでしょう。

私自身、年齢を重ねるほど、無駄を嫌って地道な努力から遠ざかってしまっているような自覚があります。

絶対に自分のためにはならないと感じたことも、**見方を変えてみると、かけがえのない思い出になったり、夢や目標につながったりすることがあります。**

「意味がない」と思えば、やめればいいだけのこと。

まずは、素直にやってみればいいのです。

17

恩は貸すものでなく「送る」もの

✿「さらば与えられん」の本当の意味

「与えよ、さらば与えられん」

新約聖書の「ルカによる福音書6章」にある、有名な言葉です。

何かを得たければ、まずこちらから授けよ。

素晴らしい教えだと思いますが、この言葉を額面通りに信じるあまりに**「与えているのに相手からの見返りがない」と憤る人もいます。**

自分ばかり奉仕して、相手は何も返してはくれない。

悲しくなる気持ちもわかりますが、この教えの本当の意味は、モノやお金といった見返りが得られるということではありません。
それを表すように、キリスト教にはもうひとつ、ある教えがあります。
「恩送り」という考え方です。

✿「恩返し」を求めず、「恩送り」をしてみる

聖書に、こんな言葉があります。

「昼食や夕食の会を催すときには、友人も、兄弟も、親類も、近所の金持ちも呼んではならない。その人たちも、あなたを招いてお返しをするかも知れないからである。宴会を催すときには、むしろ、貧しい人、体の不自由な人、足の不自由な人、目の見えない人を招きなさい。そうすれば、その人たちはお返しができないから、あなたは幸いだ。」

ルカによる福音書 14章 12-14節

お返しをしてくるような人ではなく、お返しができないような人に施せ。

そう書いてあります。

もちろん相手が誰であれ、恩を送ることがいけないわけではありません。

そのうえで、「それを返す余裕すらない人に恩を送りなさい」ということです。

誰もがこうすることで、より多くの人が幸福になれると考えているのです。


「ペイ・フォワード」という映画をご存じでしょうか。

その映画では11歳のトレバーという少年が、学校の社会科の授業中、担任のシモネット先生から「もし君たちが世界を変えたいと思ったら、何をする?」と問いかけられます。

そこで彼は、こう考えます。


「他人から受けた親切を別の3人に返す。みんながそうすれば、やがて世界は変わるかもしれない」

恩を「返す」のではなく、別の3人に向けて「**前（フォワード）に送る（ペイ）**」。

やがてシャンパンタワーのように、ひとつのグラスに注いで溢れた恩が、次々と別のグラスに行き渡る。

その恩を受けた人がまた別の人に「恩を送る」ことで、愛の連鎖が広まる。

トレバー少年はそのように考えたのです。

修道院の教えも、これとまったく同じ考えです。

「与える」ことに寛容な人は、「受ける」ことにも寛容になりやすいと言われます。

つまり、「**やってあげたのだから、してもらって当然」という姿勢です。**

「他人のため」に時間を使うことに不自由さを感じている人は、この思考に陥っていることが少なくありません。

そうはならないよう、恩送りの考えは大事にしたいところです。

✿「施し」への罪悪感を手放す

「恩送り」は、自分が他者から恩を受け取ったときにも大切にしたい考え方です。こう考えることで、施しを受けることの罪悪感や、お返しをしなくてはならないというプレッシャーがなくなります。

私は幼い頃から「自分は誰の役にも立てていない」と思い悩んでいました。6人もの子供をひとりで育て上げた母の役にも立てず、年の離れた兄弟からも毎日叱られ、「自分には価値がない」と思い込んでいました。

家を出てからも、修道院では10代の生活のほとんどを面倒見ていただき、学校から生活指導まで、あらゆることでお世話になりっぱなし。

進学コースに行かせてもらったのに大学には進学せず、シスターにもならず。自分で選んだ道とはいえ、皆の期待に応えられず、施していただいた恩を何も返すことができませんでした。

「自分はいつも与えられてばかりで、相手の役に立てていない」

「自分はお荷物なのでは」

そんな罪悪感と申し訳なさが、修道院を出たあと、何年も消えないままでした。

ですが修道院で学んだ「恩送り」の考え方を思い出したことで、私の心は少し軽くなりました。

「**あの頃の恩をすべて返すことはできない。その代わりに別の誰かに恩を送ってあげればいい**」と思えるようになったのです。

そして当時から20年経った今、コツコツと努力して、やっと誰かのためにお金を出したり、募金したり、少しずつですが恩送りができるようになりました。

あのとき、私に恩送りを教えてくださった方々に、心から感謝しています。

「貸し借り」のない世界に向けて

「してもらったのだから、返さなくてはいけない」

「してあげたのだから、返してほしい」

そんな「貸し借り」といった概念は捨ててみてください。

礼儀を尽くさない、という意味ではありません。

していただいたことにただ感謝し、**自分ができる範囲で、それを必要としているまた別の者に施すのです。**

それが、誰もが心地良く生きられる世界ではないでしょうか。


「誰かのために、しなくちゃいけない」という状況に不自由を感じているのなら、こう想像してみてください。

あなたの奉仕を受けて助かった人が、また別の誰かに施しをしている。

そうやって、あなたの奉仕が起点となり、世界中に恩が広がっていく光景を。

18 「苦行」が人生観を変えてくれる

✿「二度とやりたくない苦行」の効能

人生では、ときに大きな困難に直面することもあります。

たとえば受験とか、就職活動とか、あるいは過酷なプロジェクトとか。

精神的にも体力的にも限界に挑まなくてはならないときが、人生には何度か訪れるものです。


それが自分の将来のためであれば、頑張れるかもしれません。

ですが他者のためであったり、はたまた誰のためにもならない、ということもあり得ます。

そんなときのために、「**苦行を乗り越えること自体が、あなたのためになる**」という話をしたいと思います。

✿深夜の山道を80km歩く

私は「二度とやりたくない」と思える苦行を体験し、人生観が変わったことがあります。

それは修道院時代、日本二十六聖人が処刑されるために歩いた道を、夜通し80km近く歩くイベントに参加したときのことです。

「二十六聖人」とは、豊臣秀吉の命令によって連れ回された後、長崎で殉教した聖人たちのことです。

禁教令に逆らった見せしめとして京都から長崎まで歩かされ、長崎の西坂の丘で磔にされました。

そのなかには、ルドビコ茨木という12歳の少年もいました。

少年を見て哀れに思った処刑の責任者は、彼にこう言いました。

「キリシタンの教えを棄てればお前の命を助けてやる」

ですがルドビコは、こう返しました。

「（この世の）つかの間の命と（天国の）永遠の命を取り替えることはできない」

毅然として申し出を断ったとされています。


志願生である私たちも、同じ10代として彼の志に感銘を受け、同じ道を歩きたいと思ったのです。

実際に歩くのは彼らの数百分の一にも満たない距離ですが、それでも心身ともに過酷な苦行です。

寒いし足も腰も痛いし。他の人からの遅れも感じ、諦めるか諦めないか、真っ暗な夜中に山道を歩きながらずっと葛藤するのです。

最初は楽しく会話もあったものの、しだいに口数は減り、暗闇には息切れによる喘鳴だけが響きます。

冬の寒い時期に耳も頭も手も足も腰も痛めながら、歩き続けました。私は少し前にヘルニアをこじらせていたこともあって、60㎞地点あたりで朝日が見えたのと同時にリタイアしました。完歩はできなかったのです。

この経験によって「成長できた」「自己肯定感が得られた」と言いたいところですが、実際は真逆でした。

「自分は弱い」「この程度の存在だ」と、**弱さを受け止めることができました。**大したことはない人間なのだから、高慢にならず、人を頼らないと何もできない自分のことを受け入れるしかないと自覚しました。

「観念した」という表現が近いかもしれません。

ですがそのおかげで、隣で助けてくれる人に感謝できるようになりました。

苦行の先に得た「降伏する勇気」

修道院時代の苦行によって、それ以降は少しの困難にも動じなくなりました。

大変なことがあっても「あのときと比べたら、大したことないな」と思えるようになったのです。

いちばんの収穫は、「自分は弱い存在なのだから、うまくできなくても当然」と思えるようになったことです。

いわば、現実を受け止め、降伏する姿勢。

そして、**弱い自分を受け入れる姿勢です。**

この学びがなければ、社会に出た私の心は折れていました。

図案家になるためにデザイン会社に入社した私は、そこで数年の経験を積み、次に着物の卸問屋に勤めました。「作る」だけでなく「売る」「届ける」という面でも経験を積みたいと思ったからです。

そこで、夢だった自身のブランドを作れることになりました。

ですが嬉しい反面、その過程は本当につらいものでした。

デザイン、製造開発、WEB構築、SNS運用、ECサイト運用、広告、製品管理、出店計画……など、20以上の役割を自分ひとりでこなさなければなりませんでした。

会社としても前例がなかったため、周囲の人も助けてはくれませんでした。やってもやっても終わらない。それなのに、誰もやったことがないことだから「何をやっているかわからない」と非難される。

誰にも理解されない精神的なつらさは耐え難いものでしたが、それでも「自分は弱い人間なのだから仕方がない」と、受け止めることができました。

すると、挑戦させていただけることに日々感謝できるようになりました。

これも、修道院時代に苦行を体験し、「降伏する勇気」を得ていたからこそだと思います。

✿幸福への道は狭く、人も少ない

聖書にこんな言葉があります。

「狭い門から入りなさい。滅びに通じる門は広く、その道も広々として、そこから入る者が多い。
しかし、命に通じる門はなんと狭く、その道も細いことか。それを見いだす者は少ない。」

マタイによる福音書 7章 13-14節

人が集まるラクな道は滅びに続いていて、幸福へとつながる道は細く狭く人も少ない、という意味です。

人が避けるような狭くつらい道こそが、幸福へとつながっているという教えです。

私自身、図案家見習いのときはつらく感じていましたが、簡単ではない道へ進んでいったことで今があると感じています。

うまくいかないときは「この選択は失敗だったのかも」と思いそうになりました。ですが先ほどの聖書の言葉を胸に、一時の感情で判断せずに、やがて見えてくるであろう光溢れる出口を夢見て、狭き道を進んで行きました。狭くつらい道へと進む決断ができたのも、すべては修道院時代の苦行があったからです。


自分のためにはならない、ただつらいだけの苦行。

そんな壁にも、きっと意味はあります。

私もそうだったように、たとえ壁を越えることができなかったとしても、**その苦行が自らの弱さを教えてくれて「現実と向きあう勇気」を授けてくれます。**

弱さを自覚し、感謝の気持ちを持って、困難な道を進んでいく。

いつか必ず幸福へと辿り着くために必要なことを、苦行という不自由は教えてくれるのです。

19 「何でも屋」という生き方もある

「他人に振り回されている」という感覚

人から頼まれたり、お願いごとをされたり。

誰かの期待に応えてばかりいるうちに、**自分の人生が他人に振り回されているように感じてしまうこともあります。**

ですが、いろんなことに手を出してみることは大切な経験であるとも思います。

それが将来、何かの役に立つことがあるからです。

将来どんな仕事をしたいかなんてわからなかった頃、私は人から頼まれた仕事をとにかく積極的に引き受けるようにしていました。

たとえば修道院では、季節や学年ごとに求められる役割が変わります。

春は新入生が入ってくるので、そのお世話や教育係を。夏は夏休みに与えられる課題（修道院外での奉仕活動）をこなし、秋には学校でも学園祭があり、冬休みには外での活動として演劇やレクリエーションを企画しなければなりません。

その合間にも、担当の当番（食事の準備係、起床の係、祈りの準備の係など）が毎週変わります。

✿「模擬店」を出して期待に応える

ときにはイベントを開くこともありました。

保護者や学校の先生に修道院での成果を見せるための、ピアノ、演劇、歌、吹奏楽、茶道などの発表会。夏休みには、小学生（4〜6年生）数十人ほどが参加する2泊3日の修道院体験など。

そういったイベントの責任者は、タイムスケジュールから食事の用意まで、大人に相談しつつも、あらゆる業務を監督する必要がありました。

簡単な役割ではありませんでしたが、私はその役をよく引き受けていました。クリスマスの時期や夏休み前に催される演劇でも、内心では面倒だなと思いつつ、配役や登場タイミング、セリフの調整など、全体の調整役を買って出ることが少なくありませんでした。

このように、修道院は「これをやってちょうだい」という頼まれごとだらけでしたが、今ではその経験に感謝しています。

こういった経験が、その後の仕事にも活かされているからです。

私以外にも、演劇の「脚本家」や「演者」を担った経験から適性を発見して、その道に進む人もいました。

人生をかけておこなっていく仕事が「本業」だとしたら、その場かぎりの期待に応える仕事は「模擬店」を出すイメージです。

必要に応じて立ち上げ、役目が終わったら畳む。

そうやって模擬店をいくつも出していくうちに、「これ、もっとやってみたいか

も」「私、得意かも」と感じて、それが本業になっていくこともあるのです。

✿修道院にいた「人気者シスター」の言葉

私は社会人になってからも、いろいろなことに手を出してきました。コーディネートすることも好きなので、SNSで独自の着こなしを発信し、「スタイリスト」として仕事をいただくこともありました。「モデルをやってみない？」と誘われて挑戦したこともあります。

純粋に誰かの期待に応えたいという思いがあったからですが、一方で、こうも言われてきました。

「本職はなんなの？」

「着物のデザイナーなのに、それでいいの？」

いろんなことに少しずつ手を出していることを責める人もいます。

他者から批判されるだけでなく、「フラフラしてばかりで軸がない」「全部、中途半端だ」と、自己否定に陥ってしまう人もいるかもしれません。

そんな感情が生まれたとき、**私は修道院にいたあるシスターとの会話を思い出していました。**

その人は、シスターなのに「幼稚園の先生」でもあり、とてもユーモラスで明るく、ピアノも歌も絵も上手で、みんなの人気者でした。

私は高校生のときに、そのシスターに聞いてみました。

「なぜいつも、そんなに楽しく明るくできるのですか？」

すると彼女はこう答えました。


「そのとき、その瞬間、全部楽しく全力でやっているだけよ。あるときは園児と同じ目線で。あるときは歌うことだけに集中して。全然違う自分になるのが楽しいの」

当時はその言葉の意味がわかりませんでしたが、今ならよく理解できます。

彼女はいかなる場面でも相手を喜ばせて、そこに自分も喜びを感じているだけでした。そうしていろいろとやっていくうちに、できることが広がり、魅力が増していったのです。

誰かのためにすることであっても、**さまざまな経験がかけあわされることで、やがて唯一無二のオンリーワンの存在になれる**のだと、彼女は教えてくれました。

✿「役割」に囚われなくていい

本業に囚われず、誰かの期待には柔軟に応えてみてはいかがでしょうか。

私はこれを「**半分手放す**」**と呼んでいます。**

ひとつの道を極めることももちろん素敵ですが、そこに執着していては、可能性を狭めてしまうかもしれません。

誰かに必要としてもらったとき、抱えていた本業を半分手放すような気持ちで受け入れてみてほしいのです。

人に奉仕してばかりで、本業が疎かになっているように見えるかもしれません。

ですが自分という存在を、**ひとつの役割に押し込める必要はないと思います。**

どんな仕事も、もともとは「誰かの役に立ちたい」「自分にできることをやりたい」という想いから生まれたものでしょう。

認知されていった結果、職業としての名前がついただけです。

あらゆる仕事は名前がつくより前に、「誰かのため」に生まれているのです。

期待に応えるためにデザインして、コーディネートして、モデルもやって。

一見すると軸が定まっていないように思えるかもしれませんが、そんな仕事にも、いつか名前がつくかもしれません。


「この役割の人は、これをしなくてはいけない」「これはしてはいけない」

そんな決まりは、あとから人間が勝手に決めただけのことです。

誰かが決めた枠組みに囚われて自らの可能性を狭めてしまうのは、とてももったいないことだと思います。

ひとつのことを極めた人は、「スペシャリスト（専門家）」と呼ばれます。

でも、「ゼネラリスト（何でも屋）」という生き方もあるのです。

20

「逃げる」ことも人生の前進

✿「やりたくないこと」が「やりたいこと」を教えてくれる

ここまで、自分を抑えて「誰かのため」に生きる不自由から学んだことをお伝えしてきました。

自分のためになるとは思えないことでも、やってみると何かしらの気づきや学びが得られるものです。

ですがときには、「どうしてもやりたくない」ということもあるでしょう。

そんなときは、自分の素直な感情に従うことも必要です。

修道院出身の私が言うと矛盾するようですが、**人生を賭してまで不自由を受け入**

れる必要はないと思うのです。

2章でもお伝えしたように、負の感情も自分を動かす強い原動力になります。修道院では他者への奉仕ばかりしていた私も、そこで感じた「もっと自分を表現したい」という想いを大事にしたことで人生が動き出しました。

むしろ**強い感情を引き出してくれることこそ、「滅私」という不自由がもたらす最大の恩恵なのかもしれません。**

その不自由があるおかげで、自分が本当にやりたいことがわかるからです。

「しなくちゃいけない」から逃げ続けた人生

私の人生のほとんどは、「しなくちゃいけないこと」からの逃走でした。

修道院に入って5年目、卒業後の進路に悩んだ高校2年生の私に与えられた選択肢は、3つしかありませんでした。

「教師」「看護師」「介護士」です。

どれも他者に奉仕する仕事ですね。

就職できるのは、この3つの職業のみ。それが修道院のルールでした。

ですが私は、そのどれにもなりたくありませんでした。

15歳と17歳で兄と父を立て続けに亡くしたこともあり、かぎりある人生、私は自分が本当にやりたいことをやりたいと思っていました。

それがなんだかはわかっていませんでしたが、こうして私は修道院をやめました。

勇気のいる決断でしたが、**提示された選択肢がどれも「やりたくないこと」だったことで、自分が本当にやりたいことを考えるきっかけになりました。**

修道院を出てからも、いくつもの「やりたくないこと」と出合いました。

ケーキ屋でアルバイトをしていた頃、お店が改装することになり、数ヶ月間、出勤ができなくなりました。

ですが生活するためには稼がなくてはいけません。

そこで日雇いのアルバイトに応募して、「何かの機械のどこかの部品を組み込む作業」と「コンビニ弁当のおかずだけを詰める作業」をしたことがあります。

淡々とこなす仕事に、私は精神的にも体力的にも絶対に無理だと感じました。

この作業を私がする意味はどこにあるのだろうと思ってしまったのです。

立派な仕事ではありますが、向いていないと感じて長くは続きませんでした。

「お客様は神様」なんて思えなかった

「お客様は神様だ」という言葉があります。

実際に修道院で神と向きあって奉仕してきた私ですが、この姿勢を受け入れることはできませんでした。

百貨店に入っていた某有名スポーツブランドの店舗スタッフとして「接客」を担当した際、自分にはあまり向いていないと実感したのです。

懸命にコツコツ努力して表彰されるなど、頑張ってはいました。

ですがある日、店員に対してとても偉そうにするお客様がいらっしゃいました。その人は何かを買うわけでもなく、「俺はお客様だから、靴を履き替えさせろ」と、別の店員の膝に土足のまま足をのせました。

その光景を見た瞬間、私は「あぁ、この仕事を一生続けるのは無理かもしれない」と、それまで張りつめていた糸が切れました。

「おもてなしすることは好きだけど、神様が言っていた〝人に仕えること〟って、こういうことだっけ？」

「尊厳とかなくて、嫌だな……」と、混乱してしまったのです。

お客様に合わせて自分を演じ分けることも、私にとっては心身のバランスがとれなくなる仕事だなと自覚した瞬間でした。

実際は、それは神様が望んでいた奉仕ではないと、今になってはわかります。

お金や立場によって高慢になる人もいて、そういう人は「心の貧しい人だから無視すればいい」と、聖書にも書かれています。

ですが社会人になったばかりの私には、よく理解できていませんでした。

というように、「やりたくないこと」から逃げ続けてきた私ですが、それによって少しずつ自分の本音が見えてきました。

通勤したくない。朝早く起きたくない。給料が安いのがつらい。

「やりたくないこと」にぶち当たったとき、その感情は、反対に「自分は何がやりたいのか」を教えてくれます。

いったん本音を受け入れてみると、自分の欲望が浮かび上がってくるのです。

「通勤したくないということは、リモートワークの仕事がしたいんだな」

「朝早く起きたくないということは、フレックス制の会社がいいかも」

「少々ハードでも、給料の高い仕事ならやりがいをもって働けるかも」

想像もしていなかった理想像が、少しずつ具体的になっていきます。

明確に「これがやりたい！」ということを見つけるのは難しくても、「これは嫌だな」と感じることは、わりと簡単に見つかると思います。

そんな不自由を解消することも、立派な前進となるのです。

✿「嫌いじゃない」くらいでいい

ただ、そこまで強く「嫌だな」と思わなければ、とりあえずやってみるのもいいとは思います。

やりたいことではないのに、周りの期待に応えて我慢できることは才能です。

私の兄はユーモアがあり、お笑い芸人を目指していましたが、今は結婚して、家族のためにその夢はいったん横において働いています。

その決断をした兄を、私は尊敬しています。

大切な人のために責任を果たせる人は、本当に素敵だと思います。

修道者はその最たる例です。

私と同じように心の中では「別になりたい職業ではないけれど」と思いつつも、「それが神様の思《おぼ》し召しなら」と、指定された職についた人もいることでしょう。

自分がやりたいことをやる人生だけが幸せとはかぎりません。

これまでにも伝えたように、とりあえずやってみたら、そこに幸せを見出すということもあります。

「好きなことで生きていく」なんて言葉が流行っていますが、**「好きじゃないことでも生きていく」という人も、充分尊いと感じます。**

せめて、「嫌いじゃないことで生きていく」くらいの気持ちでいいのではないでしょうか。

21

満ちている人が、他者を満たせる

人生でいちばん大切なこと

私がいた修道院の創設者は、江角《えずみ》ヤスさんというシスターでした。

東北帝国大学の数学教室で学び、日本で女性としては二番目の理学士になった方です。長崎、東京、鹿児島などに女子学園を創立し、女子教育に貢献した教育者でもありました。

創立した女子学園の生徒と修道女を原爆でほぼ失いながらも再興し、その後も、幼稚園・保育所の設立や、長崎の原爆で身寄りをなくした方々のために原爆ホーム・老人ホームを作られたことでも有名です。

その老人ホームにはさまざまな階級の方がいたそうですが、そのなかにひとり、小学校しか出ておらず、若いころは女中をしていた平凡なおばあさんがいたそうです。

江角先生はこのおばあさんのことを、**そのホームのなかで「もっとも幸福に暮らしていた人」だと語っていました。**

そのおばあさんは、つねにこう考えていたそうです。

「どうしたら他人様をよろこばせることができるか」

その人がいてくださるだけで、雰囲気が温かくなったとか。

「他人様のために自分を忘れて働き、他人様のために尽くした人の晩年の美しさ、幸福さを、私はしみじみ思ってみているのです」

シスター江角は、そうおっしゃったそうです。

誰かのために生きる。

一見すると不自由に見えますが、それが自分の人生のためにもなります。人に尽くしたかどうかが幸せの正体であり、人生の最後に問われることなのかもしれません。

ただ、この章の最後に伝えておきたい、大事な話があります。これは修道院の教えとは異なりますが、あの頃の学びがあったからこそ、気づけたことでもあります。

✿神様のとんでもない「提案」

私が通っていた修道院と学校には、こんな教訓がありました。

「マリアさま　いやなことは私がよろこんで」

嫌なことも進んで引き受けようという、奉仕の精神を体現したものです。

実際、社会に出てみると、誰もやりたがらない仕事を率先してこなそうとする姿勢は、人として欠かせないことであると実感しました。

このようにキリスト教では、他者への施しのためであれば、ときに自己犠牲さえも受け入れる姿勢があるのです。

それを表すように、**聖書にとんでもないエピソードがあります。**

旧約聖書に、アブラハムという偉人が登場します。

ユダヤ教もキリスト教もイスラム教も、彼がいなければ誕生しなかったと言われるほどの人です。

このアブラハム、なんと彼が100歳、そして奥さんのサラが90歳のときに、イサクという息子に恵まれます。

というのも、ずっと前に神様から「私を信じて従うと約束するなら、君の子孫を繁栄させてあげよう」と言われ、契約していたからです。

そう言われてから数十年は子供ができませんでしたが、それでも神様を信じ続けたことで、ようやくイサクを授かりました。

2人はその子を可愛がりました。

ですがイサクが10歳になる頃、神様はアブラハムに言います。

「その子、生贄《いけにえ》に捧げてくれる?」

可愛い我が子を殺して捧げろなんて、神様とは思えないような発言です。

当然、アブラハムは葛藤しますが、結局は「神様に従うと約束したから……」と、息子を泣く泣く殺そうとします。

息子も健気なもので、父親の葛藤を受け入れようとしました。

その親子の姿をみて、神様は「嘘だよ! やめやめ! 君たちが従順なのはよくわかったから!」と、代わりの小羊を2人に遣わしたのでした。

人間には魂と体があります。

これを誰にもらったかといえば、両親や先祖などさまざまな考え方ができますが、キリスト教においては「神から授かったもの」ととらえています。

神様から借りている体なのだから、誰かに与えて還ってこなくてもいい。別に私が誰にどれだけ与えたところで、損はしていない。

人に多少裏切られても、大きな痛手ではない。

たとえ誰かに搾取されたように感じても、「私の命は神様からの借り物だ」という視点を持つことで、受け入れることができる。

命は誰のものでもなく、自分のものですらないと思えば、愛のため他者のために行動できると教えているエピソードでした。

まず自分を満たすから、他者を満たせる

このとんでもないエピソード、幼い頃の私は「ふーん、神様には従順になったほうがいいのか」くらいに受け取りました。

ただ、今になって思うと、こう感じます。

「いくら神様のお願いでも我が子は殺せないよね」

「しかも信仰心を試すためとか、怖い」

その信仰心の厚さに感服しつつも、恐怖すら覚えてしまいます。

なにより人間、与えてばかり、ゆるしてばかりいると、疲れてしまいますよね。

優しさにつけこまれて理不尽を押し付けられて、「なぜ自分ばかり搾取されるのか」と疲弊してしまうときもあります。


自己犠牲をしてまで、他者に施す。

大人になった今、この考えが必ずしも正しいわけではないと考えています。


「恩送り」は、自分から溢れた恩を他者へと送る考え方です。

あくまで、他者に送るのは「溢れた恩」です。

つまり**満たされるのは、まず自分です。**

自分が満たされたうえで、そこから溢れた分があれば他者へ送るのです。

自分に余裕がある状態でないと、おのずと見返りを求めてしまいます。

あくまでこれは、他者に施せる余裕があるときにしていただきたいことなのです。

自己犠牲による施しは、その場ではあなたも相手も満足するかもしれません。ですが、**あなたが空っぽになってしまっては、もう恩は送れなくなります。**

つまり、そこで終わりです。

修道院時代の友人にも、神様のことが大好きで、世界平和を心から願い、日々を祈りにささげる天使みたいな人がいました。

ですがピュアすぎて、メンタルの調子を壊してしまいました。

日々、善良でいることを追い求めすぎたり、学業に専念しすぎたあまりに、精神を病んでしまった同級生もいました。

誰かに奉仕し、役に立つためにも、まずは「自分」が安定するよう、努めてほしいと思います。

自分に余裕がない人が、他者を幸せにできるはずがないのです。

✿幸せにする範囲を決める

「すべての人に恩を送らなくてはいけない」なんて、考えないでください。

私自身、より多くの人の役に立とうとして、結局「まだそんな器ではない」と、誰の役にも立てなくなっていました。

人間、よほどの器量がないかぎり、関わる人全員を幸せにすることはできません。

まずは、**自分が幸せにすると決めた範囲に、溢れた分の恩を配ってみてください。**

「この人たちだけでも」と決めると、できることが見えてきます。

たとえば家庭を持つ人なら、家族を笑顔にすることだけでも充分でしょう。

高所得者で独身の友人は、結婚をしていないからと、自分以外の人に毎月10万円を使うと決めているそうです。

また、見ず知らずの人に必要とされる幸せや、誰に感謝されるわけでもないけどひっそりと恩を送る喜びも、人生にはあると思います。

これを「徳」とか「善行」と呼ぶのでしょう。

私は学校や自治体、ボランティア団体に寄付したりしています。

ふと寄ったコンビニでお釣りを寄付するとか、綺麗な品をボランティアやバザーの寄付に出すだけでもよいでしょう。

ときには他者の自立を促し、そのサポートをすることも善行でしょう。

あなたのすぐ隣に、誰かの支援を必要としている人がいるかもしれません。自らを犠牲にせず、できる範囲で、施しを必要とする他者に恩を送ってあげましょう。

あなたがあなたらしく、生き生きと、喜んで人に奉仕ができること。

それを神様も望んでいるのです。

そう思うと、聖書のさまざまな内容にも納得できて、現代に生きる私たちにも活きる教えとして受け取ることができるでしょう。

3章のまとめ

自分を抑えて、誰かのためにやらなくちゃいけない。

この3章では、「滅私」という不自由から私が学んだことをお伝えしてきました。

最後に、学びの内容をまとめましょう。

16 「誰かのため」は「自分のため」になる

17 恩は貸すものでなく「送る」もの

18 「苦行」が人生観を変えてくれる

19 「何でも屋」という生き方もある

20 「逃げる」ことも人生の前進

21 満ちている人が、他者を満たせる

「他人のため」ばかりの生活で思い知ったのは、それがゆくゆくは自分のためにもなるということでした。

振り返れば人生のどの時点においても、誰かに奉仕することで小さな結果が出て、それがチャンスにつながりました。

そうして幸せにできる範囲が広がっていくと、やがて大きな機会が巡ってきて、最終的に自分がやりたいことも叶ってきたように感じます。

聖書に、こんな一文があります。

「いちばん先になりたい者は、すべての人の後になり、すべての人に仕える者になりなさい。」

マルコによる福音書 9章 35節

誰かのために努力する人を、神様は見てくださっているのかもしれません。

ですから、まずは先に与えてみましょう。

「ちょっと損かもしれない」と思っても、無理のない範囲で引き受け、一所懸命に取り組み始めてみることも大事だと、修道院の教えから学びました。


また修道院では、幸せな生き方についても教えていただきました。

仕事を転々として、他者に奉仕するばかりの人生に迷いを感じていたとき、修道院で聞いたある話を思い出しました。

それは聖書にある「タラントン」についての話です。


タラントンは通貨の単位で、現代の「才能」や「能力」を指す言葉である「タレント」の語源となった言葉です。

聖書にあるその話では、主人の財産であるタラントンを、3人の僕《しもべ》が預かります。

1タラントンは、今の日本円でいう6000万円ほどだと言われています。

3人の僕を、A、B、Cとしましょう。

主人は、Aには5タラントン（約3億円）を、Bには2タラントン（約1・2億円）を、そしてCには1タラントン（約6000万円）を預け、いつ帰るとも告げずに旅に出ました。

AとBは、そのタラントンを使って商売をして、それぞれ預かった額の倍に増やしました。

しかしCは失敗や損失を恐れ、その預かった大金を土に埋めて保管し、何もせずにそっくりそのまま返しました。

すると、旅から帰ってきた主人はAとBの2人に言いました。


忠実な良い僕だ。よくやった。お前は少しのものに忠実であったから、多くのものを管理させよう。

マタイによる福音書 25章 21節、23節このように褒めました。
しかしCには、こう言って非難しました。

怠け者の悪い僕だ。わたしが蒔かない所から刈り取り、散らさない所からかき集めることを知っていたのか。
それなら、わたしの金を銀行に入れておくべきであった。そうしておけば、帰って来たとき、利息付きで返してもらえたのに。

マタイによる福音書 25章 26-27節

自分の才能を使って、より多くの富として神様にお返しすることが大切である。
私はこのたとえ話を、こうとらえました。
そして社会に出てからは、「Cのようにならない難しさ」を感じました。
社会には、人の挑戦を否定し、失敗を嘲笑う人も大勢います。

ですから失敗を恐れて、Cのように保守的に考える人は少なくないでしょう。失敗するくらいなら、いっそ使わないで、そのまま返したほうがマシだと。

非難を受けて社会の潮風が傷にしみたとき、私も同じように「大人しく自分を殺し、滅しておけばいいんだ」と思ったものです。

でも、それは神様が私に望んでおられることではないのです。

「自分のタラントン（才能）を精一杯に使わないことは愚かだ」

自分のために生きろ、ということではありません。

それがたとえ他人のためであっても、自分にできることで人に奉仕することを神様は望んでいるのです。

自分の才能を使って、誰かの役に立つことが大きな幸せである。

これが、私が「滅私」という不自由から学んだことでした。

4章

人間関係で悩まないために

——「他者」という不自由から学んだこと

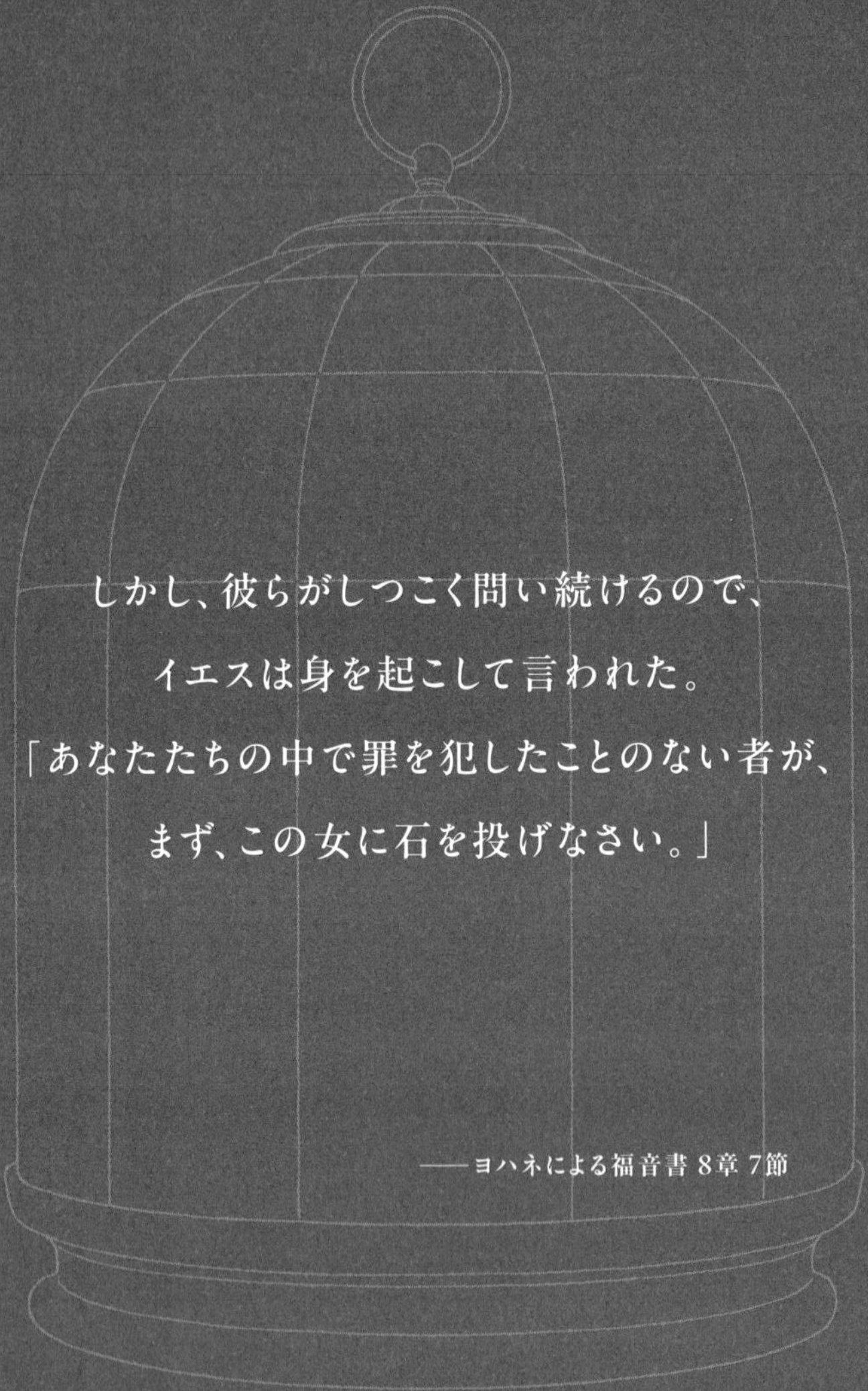

しかし、彼らがしつこく問い続けるので、

イエスは身を起こして言われた。

「あなたたちの中で罪を犯したことのない者が、

まず、この女に石を投げなさい。」

——ヨハネによる福音書 8章 7節

あなたは最近、誰かに対して苛立ったことはありませんでしたか?

学校の同級生、職場の同僚、ご近所付きあい、親戚付きあい。
自分で選んだわけではなく、運命の導きによって引きあわされた。
そんな人間関係に不自由さを感じて、悩んでいる人も多いことと思います。

やりたいことを邪魔される。
考えや行動を否定される。
身に覚えもないことで非難される。

そんな思いをして、苛立った人もいるかもしれません。

修道院でも人間関係の悩みやトラブルは当然ありました。
修道士や僧侶のことを聖人君子のように思っている人がたまにいますが、皆さんと同じ人間です。

自己研鑽してこの世の煩わしさから解脱した素晴らしい方もいらっしゃいましたが、すべての人がそうではありませんでした。

修道院にいた6年間で、私もさまざまな人間関係で悩みました。

知り合いの修道女や修道士から人間関係の悩みを聞くこともあります。

「あの人が、煩わしい」

修道院とはいえ、それは組織であり共同体であり、当然そこには人と人との摩擦が発生します。

この4章では、そんな「他者」という不自由から学んだことをお伝えします。

4章 人間関係で悩まないために

22 やられても、やり返してはいけない

✿「報復」を推奨する旧約聖書

人間関係には必ず摩擦が生じます。

外見はもちろん、人それぞれに思考や価値観、信条などの違いがあり、他者とのあいだに「ズレ」を感じることは、もはや必然です。

ですがそれを知らずに、こちらを変えようとしてくる人もいます。

敵意や悪意を向けたり、ときには実力行使で手を出してきたり。

人として未熟なおこないではありますが、自分がそんな被害を受けたとき、こちらも相手を憎み、**つい報復したくなる気持ちが芽生えてくるものです。**

勧善懲悪ものの昔話などでも、「復讐」するシーンは多数登場します。
聖書でもありとあらゆる権力争いや殺しあい、騙しあいの逸話が出てきます。
人間とは、もう何千年も前からそういう生き物なのでしょう。

そして、ときに他者への報復は正当化されます。
じつは神の教えとしても、**長らく「やり返す」ことは正当化されてきました。**
「目には目を、歯には歯を」という有名な言葉があります。
紀元前にハンムラビ王が制定した『ハンムラビ法典』に記載されている言葉です。
この言葉はもともと、旧約聖書に出てきたものなのです。

目には目、歯には歯、手には手、足には足

出エジプト記 21章 24節

ここから、同じ害を同じだけ報復するべきだという考えが生まれました。

右の頬を打たれたら、左の頬も向ける

ですが、たとえ自分に悪意を向けてくる人であっても、受け入れてほしい。

そう考えたのがイエス・キリストでした。

新約聖書にはこうあります。

「あなたがたも聞いているとおり、『目には目を、歯には歯を』と命じられている。

しかし、わたしは言っておく。悪人に手向かってはならない。だれかがあなたの右の頬を打つなら、左の頬をも向けなさい。」

マタイによる福音書 5章 38-39節

なぜ同じ聖書なのに、言っていることが違うのでしょう。

それは、「聖書」には2種類あるからです。イエス様が登場する前の聖書が『旧約聖書』、イエス様の教えをまとめた聖書が『新約聖書』です。

「旧約」とは古い契約という意味で、キリスト教徒の人たちはキリスト「以前」の教えを『旧約聖書』と呼んでいます。

よって、これはキリスト教における呼び方であり、ユダヤ教にとっての聖書は一冊しかありませんし、旧約とも言いません。

そのため、新約と旧約では内容が異なっています。

ですから新約聖書では「**旧約聖書では〝やられたら、やりかえせ〟と言われているけど、復讐はやめて愛の人になろうよ**」と書かれているわけです。

自分の感情や恨みに固執をしていると、やがて自分を見失い崩壊します。

打たれても受け流し、相手にしない。

他人に無害であり、寄り添い、ゆるし、相手を変えようとせず放っておく。

それも、愛のひとつなのではないか。

私はキリストの教えを、このように解釈しています。


許せないことがあったとき、無理に相手を受け入れる必要はありません。

大切なのは「やり返さない」ことです。

復讐や恨みに駆られることは、自分の人生をさらに苦しめ、不自由なものにしてしまいます。

やり返しはせず、自分の感情の嵐や大波をただやり過ごすという方法もあるのではないかと思うのです。


当然、簡単なことではありません。幼い頃の私も負けん気が強く、嫌なことがあるとすぐにやり返して、よく喧嘩になっていました。

ですが修道院にも「人間関係」という不自由さがあったおかげで、怒りや恨みといった感情を抑える方法を学ぶことができました。

その方法を、いくつか紹介していきましょう。

23 つらいときこそ未来への「種」を蒔く

つらいときは「とことん悲しむ」

他者から傷つけられ、どうしても受け流せず、悲しくなる。

たとえ相手の本心ではなかったとしても、割り切れないときもあります。

「なぜ自分がこんな思いをしなくちゃいけないのか」

沸々と怒りが生まれて、やり返したくなります。


そんなときは、まずはとことん悲しんでみます。

復讐とは、悲しみの感情を別のエネルギーに変えて発散しようとする手段です。

そこで発散ではなく、**悲しむこと自体にエネルギーを使ってみるのです。**

私も修道院にいたころは、よくひとりで悲しんでいました。

基本的に集団行動で、部屋も4人共同なので、ひとりになれることは皆無でした。ですが、インフルエンザなどの高熱や流行病に罹《かか》ったときだけ入ることが許される小さな部屋があり、唯一そこでは、ひとりになることができました。

私はメンタルが不安定になると体調に出るタイプだったので、よくその部屋で休憩させてもらいながら、ひたすら悲しみと向きあっていました。

泣くだけ泣いて、落ち込むだけ落ち込む。泣き疲れたら寝て、起きたらまた泣いて……。繰り返していくと、しだいに悲しみのエネルギーは減っていきました。


泣いたり逃げたりして非難される生き物は、きっと人間くらいです。

悲しむことは生存本能。悪いことではないのです。

悲しむことにも、人はやがて「飽きて」くる

全身全霊で悲しむと、やがて疲れてきます。

もはや、やり返そうという気力ももてなくなります。
そしてどこかのタイミングで**「暇だな」と思えるときがきます。**
ベッドで泣き疲れ、体もだるく、スマホを見るのにも飽き、寝すぎて寝られない。
そしてふと、「ここにいるのも飽きたな」と思えてくるのです。
悲しむのにもエネルギーが必要ですから、いつまでも続くわけではないのですね。

ここがチャンスです。
暇だと思えてきたら、10分でいいから何かできることをやってみます。
お風呂に入るのでも、料理をするのでもかまいません。
その行動が、また日常へと戻っていくための第一歩となります。
そして時間をかけながら、動ける時間と範囲を少しずつ広げていきます。
お風呂に入ることができたら、次はコンビニへ行ってみる。
ご飯を食べられたら、次は散歩に行ってみる。
そして少し気が晴れたら、また休む。

それを繰り返しているうちに、誰かと会ったり、仕事をしたりできるようになっていくことでしょう。

2章でお伝えしたように、**「いつもの生活」を取り戻すことで、感情もまた「いつもの状態」に戻っていくのです。**

「自分の未来」のために時間を使う

聖書に次の一節があります。

> 悪しき者たちの進む道に入るな。悪人たちの道を行ってはならない。
> それを無視せよ。そこを通るな。それを避けて通れ。
>
> 箴言 4章 14-15節

自分を悲しませた相手にやりかえしたところで、それは自分の大切な時間を他者のために費やすようなもの。

多少は気持ちが晴れたとしても、**自分の未来は1ミリも良くはなりません。**

嫌がらせをする人がいちばん喜ぶことは、自分の迷惑行為によって相手が悲しんだり、挑戦をやめたりすることです。

逆にいちばんダメージが大きいのは、完全に無視して圧倒的に幸せになることです。聖書にも、こうあります。

涙と共に種を蒔《ま》く人は、喜びの歌と共に刈り入れる。

種の袋を背負い、泣きながら出て行った人は、束ねた穂を背負い、喜びの歌をうたいながら帰ってくる。

詩編 126章 5-6節

悲しいときに種を蒔ける人は、いつかそれを、喜びとともに刈り取ることができると書いてあります。

他者から嫌なことをされたときは、無視して圧倒的に幸せになるのがいちばん効果的です。

悲しいときこそ、自分のための種を蒔いてあげましょう。

友達と話したり、新しい環境へと羽ばたいたり。未来で大きな幸せを収穫するための種を蒔くことに、時間と気力を使ってみてください。

ですが、無理は禁物です。

悲しみを乗り越えたように思っても、ふとした瞬間に過去が蘇ってくることがあります。悲しみは消したり乗り越えたりするものではなく、うまく付きあっていくものなのです。

「おかしいかも」と思ったら、迷わずブレーキを踏んでください。

そしてひとりで抱えずに、家族や友人など、誰かを頼ってみることも忘れないでくださいね。

24 100年後の「私たち」を考えて生きる

「100年後」には全員死んでいる

いくら悲しんでも、悲しみがつきない。

そんな大きな傷を、他者から負わせられることもあるかもしれません。

そんなときは、時間を超えて「俯瞰」してみるようにしてください。

極端な例ですが、足を引っ張るあの人も、盛大に傷つけてきたあの人も、そして自分自身も、**100年後には全員死んでいます。**

昔、シスターに「どうしてもゆるせないときとか、そりが合わないときはどうされているのですか?」と質問したことがあります。

するとシスターは、冗談交じりにこう答えました。

「もちろん、愛そうとか、相手の良いところを見るように努力はするでしょうね。でもどうしても難しいなら、どうせ一時期しか一緒にいないし、私も相手もそのうち死んで土に還るのだから、気にしないことね」

あまりにスケールの大きい回答に面くらいましたが、たしかに「ま、100年後はみんなこの世にいないわ！」と思えるとラクになります。

だから気にせずに、今を生きていけばいいと思うのです。

✿250年を耐え抜いた「潜伏キリシタン」

今は受け入れられないことも、それが**未来の誰かのためになる**と考えてみると、受け入れられるかもしれません。

実際、今の私があるのは、先祖たちが苦しみに耐え抜いてくれたからです。

私の先祖は潜伏キリシタンです。

潜伏していたのは、豊臣秀吉が1587年に伴天連《バテレン》追放令を発令したためです。

「バテレン」とは、キリスト教の宣教師や神父、教徒に対する当時の呼称です。

当時のキリスト教信者たちは、「士農工商」の制度による格差があることに疑問を持ち、皆平等であると教えを説いていました。

その教えや信者の団結力が、権力者の独裁支配体制と反するため、豊臣秀吉はキリスト教が天下統一を妨げることを懸念したのです。

この発令により、キリシタンたちは迫害にあい、島流しになった人もいました。

ですが当時のキリシタンたちは、いつかは皆平等な世界が訪れるようにと願って、この迫害を耐え抜きました。

250年間、何世代にもわたって、当時禁止されていたキリスト教が許される世界を信じ続けてきたのです。

たとえ自分たちの代では報われなくても、**次の代では救われるかもしれない。**

そう信じて、ひっそりと口伝と習慣だけで信仰を守り抜きました。

世代や時代によって、「何が正義か」は変わります。

自分の世代では理解されず、想いは叶わず、非難されたとしても、次の世代ではその状況が変わるかもしれません。

そのためにも、今は耐え抜こう。

長い時間軸から現代を俯瞰できると、そんな思いに至ることができます。

未来を想えば、今を耐えられる

聖書の言葉に、こうあります。

「一粒の麦は、地に落ちて死ななければ、一粒のままである。だが、死ねば、多くの実を結ぶ。

自分の命を愛する者は、それを失うが、この世で自分の命を憎む人は、それを保って永遠の命に至る。」

ヨハネによる福音書 12章 24-25節

自分が犠牲になっても、その先に多くの人が救われたり、世の中が変わったりするのであれば、それは永遠の命といえる犠牲になるのではないか、という意味です。

作家の三浦綾子さんはキリスト教のプロテスタントであり、彼女が実話をもとに書いた小説『塩狩峠』はあまりに有名です。

とある鉄道員がキリスト教の信仰に目覚め、自らの命をもって鉄道事故を防ぎ、多くの命を救ったお話です。

また、カトリックの司祭で、アウシュビッツ強制収容所に入れられたマキシミリアノ・マリア・コルベ神父様の話も有名です。

カトリックの思想がナチスドイツと相反するとし、コルベ神父は捕えられ、アウシュビッツ強制収容所で強制労働をさせられていました。

ある日、脱走者が出て、その見せしめに10人が餓死刑に処されることに。

その10人は無作為に選ばれたのですが、とある囚人が「自分には妻子がいる。私が殺されたら子供たちは父親のいない子になる」と泣き崩れました。

そこでコルベ神父は「自分が身代わりになる」と、自らの命を差し出したのです。

彼のおかげで助かった囚人は、その後、生きてアウシュビッツを出て、妻に会うことができました。

そして、その体験を多くの人に伝える語り部となりました。

私がお世話になっていた教会は、どういうご縁か、このコルベ神父様の精神を受け継いだ修道会が運営している教会でした。

とはいえ彼らのように**「命を投げ出せ」とまでは言えません。**

3章でも紹介したように、命を賭してまで誰かを救うのは本末転倒でもあると思うからです。

ですが「今、自分が耐え忍ぶことで、未来の誰かひとりの救いになるなら」という気持ちでいると、多少の批判や悪意も、毅然とした心で耐えられるようになります。

他者の言動に不自由さを感じたときは、主語を「私」ではなく「私たち」に変換して考えてみてください。

自分はつらくても、子孫や次の世代のことを思って生きてみるのです。

結局あらゆる人間は、いつかは朽ち果てます。

自分の恨みを晴らすためではなく、次の世代を幸福へと導くために、大切な人生の時間を使いたいものです。

25 他人からの評価に意味はない

✿「優劣」を押し付けてくる人たち

皆さんは理不尽な優劣をつけられた経験があるでしょうか。

人はどうしても人間同士を比較してしまう生き物です。

学歴、勤め先、年収といった社会的ステータスから、身長、体重、外見といった身体的情報まで、すべての違いは比較対象となり、その結果に応じて優劣をつけたがります。

こうした比較によって、自分のほうが劣っていると感じた人から「嫉妬」や「僻《ひが》み」といった敵意を向けられることもあるでしょう。

その反対に、自分のほうが優っていると感じた人から「差別」や「軽蔑」といった感情を向けられることもあります。

私の場合、「高卒」の経歴が軽蔑の対象となることは少なくありませんでした。

2章でお伝えしたとおり、私は修道院を出たあと、ケーキ屋でアルバイトをしていました。

名古屋に住む兄夫婦の家に間借りして、アテもない土地で見つけたケーキ屋に飛び込んで面接していただいたところ、職人あがりの社長がその気概を買ってくださり採用になりました。

ですが履歴書上は「高卒」なので、その経歴を不安に思ったのか、おかみさんには幾分かつらく対応された記憶があります。

「バイトのあの子は○○大学で将来有望だから家に呼んで、すき焼きを食べさせてあげた」とか、「あの子はお父さんが社長だから育ちがいい」とか。何かと「そうではない私」に報告されることも多く、悲しくなることもありました。

雇っていただいたことには心から感謝しつつ、「学歴や資産、将来性で人を判断する方も社会にはいるのだなあ」と感じました。

自分のほうが他者よりも優っていると思って安心したくなるのが、人間という生き物です。

一方的に優劣を押し付けられ、それを不自由に感じることはあるでしょう。

本来、神の前ではすべての人が平等だというのに……。

✿神の考える「本当の豊かさ」とは

聖書では、富も地位も名誉も権威も、神は私たちに約束してはいないとあります。

実際、社会的地位にこだわっているキリスト教徒は少ないように思います。

地位があるなら、その分、社会に奉仕して謙虚になろうという人が多い印象です。

イエス様も馬小屋で生まれ、貧しい人と共に生きていました。

社会的に豊かになるための賢さと、人徳は別ものなのです。

聖書はこの2000年の間でさまざまな人の解釈・翻訳・意訳を経て、現在の旧約・新約聖書となっているため、元の言語と違う解釈をされていることもあります。

そういった時代や文化の違いを加味して考察しなければなりませんが、多くの場合、**富や権力を手にして繁栄に溺れた者たちからは、神はそれを取り上げています。**

聖書では、大切なのは物質的な豊かさではなく、愛、喜び、平安、寛容、親切、柔和、誠実さなどであり、それらを持つ人こそ「豊か」だと教えています。

「神様はそう言うけど、結局は学歴で判断されるじゃん」と、落ち込んだりもしましたが、嘆いたところで意味はありません。

何が豊かさであるかは、他人が決めることではなく、自分で思うものなのです。

当時の私も「学歴や収入だけが富ではない」と想いを心に秘めて、教えに支えられながら、できることをやるしかないと頑張りました。

決して褒められることのなかった修道院時代

お伝えしたように、キリスト教では「他者からの評価」に重きを置いていません。約6年間いた修道院ですが、**褒められた記憶がほとんどありません。**

成績が良かろうが表彰されようが、「頑張ったのですね」とは言われても、「素晴らしいです」「よくやりましたね」といった評価を受けることはありませんでした。

個人に対する賞賛はあれども、他者と比較したうえでの評価はなく、反対に「調子に乗ってはいけません」と釘を刺されることが多かったように思います。

高校1年生のときに手話の全国大会で入賞して、テレビ取材のオファーが来たこともありましたが、シスターによって断られました。

同級生や後輩からファンレターをもらったこともありましたが、それも「捨てなさい」と言われました。

きっと、**相対的な評価は人間の根源的な価値ではないと伝えるためだったので**

しょう。いわゆる「承認欲求」を捨てさせたかったのだと思います。

社会の役に立つことで他者から認められることもありますが、その評価をあてにしてしまうと、評価を得られないことには気乗りしなくなってしまいます。

奉仕とは神に仕える者の責務であり、褒められるからやることではありません。

その気持ちを養うために、修道院では「褒める」という行為がなかったのだと思います。

むしろ、褒められたときこそ慎ましくいようという心持ちに変化していきました。

自分を評価できるのは自分だけ

この教えのおかげで、私は他者からの評価に一喜一憂せず、自分の価値を自分で決められるようになりました。

たとえばブランドを立ち上げた際、可愛い、面白いと言ってくださる人もいれば、よくわからないと言う人もいましたが、そういった他者からの評価に惑わされずにすみました。

人間、誰しも他人から評価されたい、褒められたい、他者より優れていると証明したい欲求があって当然です。

私も自己肯定感が低いため、つい他者からの評価を求めてしまいそうになります。

ですが、**自分の価値を他者からの評価に委ねてしまうのは危険なことです。**

ころころ変わる他人の心情に委ねたりせず、自分の評価は自分でするようにしてください。他人からの評価が良くとも悪くとも、それに振り回されず、いつも謙虚であろうと努めるのです。

そして自分の定めた目標を達成できたら、自分を小さく褒めてあげましょう。

そうやって自分の価値を自分で決められる人が、真に「豊かである」と言えるのではないでしょうか。

26 人と人はわかりあうことはできない

他者からの攻撃に対する最終手段

どんな環境でも、多くの人間がひとつの場所に集まれば摩擦がおきます。

修道院にも当然、合わない人はいましたし、よく喧嘩もしていました。

私たちが幼かったせいですが、ときおり「いじわる」をされることもありました。

他者から批判や敵意を受けた際、悲しみを受け止めることも、俯瞰して受け流すことも難しいときもあるでしょう。

そんなときは、一体どう考えたらよいのでしょうか。

聖書にはこうあります。

そのとき、ペテロがイエスのところに来て言った。「主よ、兄弟がわたしに対して罪を犯したなら、何回赦すべきでしょうか。七回までですか。」イエスは言われた。「あなたに言っておく。七回どころか七の七十倍まで も赦しなさい。」

マタイによる福音書 18章 21-22節

最後はずばり、**「ゆるす」しかないのです。**

「7回までゆるせばいいですか?」と尋ねてきたペテロに、イエスは「その七十倍(490回)ゆるせ」と答えています。

先ほど紹介したケーキ屋のおかみさんも、その人からの評価に依存せず、客観的に眺められるようになると、しだいにゆるせるようになりました。

「きっとお店をここまで作り上げたことにプライドがあるんだな」

「学歴や将来性のある人を可愛がるのは当然かも」

冷静に俯瞰できるようになり、「そんな人もいるよね」と、ゆるせたのです。

「心変わり」を受け入れる

聖書に「放蕩息子の話」と呼ばれるエピソードがあります。

生前贈与で財産を渡したダメ息子が帰ってくるという話です。

かの芥川龍之介が「短編小説の傑作」と絶賛したという説もあるので、興味がある方はぜひ聖書の原文も読んでみてください。


この話の登場人物は父と2人の息子です。

兄は模範的で、弟は奔放。生きているあいだに財産を分けてほしいと父にねだった弟は、財産を受け取った数日後に旅に出ます。

その後の弟は親から離れて遊び暮らし、不道徳でだらしない生活でその財産を使い果たしました。

そして生活に困り、「豚の食べるいなご豆で腹を満たしたい」と思うほど飢えた弟は、父と実家の豊かさを思い出し、故郷に帰ることにします。

そして父に「私は罪を犯しました、あなたの息子である資格はありません」と告白します。

すると父親は彼を責めもせず、こう語りました。

しかし、父親は僕たちに言った。『急いでいちばん良い服を持って来て、この子に着せ、手に指輪をはめてやり、足に履物を履かせなさい。それから、肥えた子牛を連れて来て屠《ほふ》りなさい。食べて祝おう。この息子は、死んでいたのに生き返り、いなくなっていたのに見つかったからだ。』そして、祝宴を始めた。

ルカによる福音書 15章 22－24節

面白くないのは、その様子を見た兄です。

悪いこともせず、ずっと真面目に働いていた自分にはこんな歓迎をしてくれたことはないと、兄は父に不満を漏らします。

すると父は、兄にこう言いました。

『子よ、お前はいつもわたしと一緒にいる。わたしのものは全部お前のものだ。

だが、お前のあの弟は死んでいたのに生き返った。いなくなっていたのに見つかったのだ。祝宴を開いて楽しみ喜ぶのは当たり前ではないか。』

ルカによる福音書 15章 31-32節

この話、じつは「弟」は罪人である私たち人間を、「父」は神様の愛を、「兄」は法律に厳しい正しい人たちを、それぞれ指しているとされています。

もし人間が罪を犯してしまっても、心から悔い改めて改心するなら、誰よりも喜び、そのままを受け入れ、ゆるす。それが神の愛だと伝えた話です。

「許す」と「赦す」の違い

遠藤周作の書いた名作『沈黙』は、潜伏キリシタンの話です。

その中で何度も棄教する、キチジローという人物が出てきます。

彼は何度も神や人々を裏切るのに、そのたびに「ゆるしてほしい」と言って戻ってきます。キチジローは弱い人間の象徴のような人物なのです。

そして神父は、そんなキチジローを何度もゆるします。


ここまで「ゆるす」と表記してきましたが、漢字で書くと「赦す」となります。

そして聖書においては、「許す」と「赦す」は違うとあります。

「許す」は、「悪い行為を無害だとすること」などを意味します。現実をポジティブにとらえ直して受け入れることですね。

一方で、聖書で「赦す」と訳されているギリシャ語にはもともと、返済を請求せずに債権を「手放す」という意味があるそうです。

なかったことにするのではなく、**相手への怒りや恨みを認めたうえで、手放す。**

そして「もうあなたとは付きあいません」とはっきり提示し、自身で罪を償《つぐな》ってもらうのです。


私たち人間は弱くて醜く、立派な生き物ではありません。

白黒はっきりできない、グレーのときも多々あります。

いっときの気の迷いで行動を起こしてしまうこともあります。

ですから**今は攻撃してくるような人も、いつかは気が変わるかもしれません。**

そんな相手とぶつかり、変えようとしても、こちらが疲弊するだけです。

いつか相手が心変わりするまで、その感情や問題自体を手放して、身をひく。

それが赦すことです。

諦めて手放してしまうのが最善策であることも、大いにあると思うのです。

✿わかりあおうとしなくていい

そもそも人は、わかりあえないことが前提です。

もちろん、すべての人とわかりあい、信念や正義を理解しあえるに越したことはありません。

ですが、残念ながらわかりあえない人もいるのがこの世界です。

違う環境、性質、文化の中で育まれているのですから、当然です。

「豚に真珠」という言葉は、おそらく皆さん聞いたことがあると思います。

じつはこれも、聖書にある言葉です。

この「わかりあえなさ」を表しているようです。

「神聖なものを犬に与えてはならず、また、真珠を豚に投げてはならない。それを足で踏みにじり、向き直ってあなたがたにかみついてくるだろう。」

マタイによる福音書 7章 6節

わかりあえない人を見捨てろ、という意味ではありません。
何か諍《いさか》いが起きても赦してしまい、あなたの愛を求めている人を探しなさい。
そういう意味なのだと、私は解釈しています。

相容れない人にかまうほど、人生は長くない

247ページで紹介したコルベ神父様は、アウシュビッツで他者のために命を差し出す前、キリスト教の布教のために長崎に来たことがあります。
その際に同行したゼノ修道士も、キリスト教の歴史において有名な人です。

ゼノ修道士は、白いヒゲ、黒の修道服、黒い鞄、黒いドタ靴がトレードマークで、とても明るく、「青い目の福の神」と称されていました。

長崎で被爆後、全国の戦争孤児や、上野や浅草で暮らす貧しい人たちを救済したことで知られています。

誰でも彼でも助け、連れてきてしまうことに、役所や施設の人も困惑することが多かったそうですが、そんな声は無視して孤児を救済し続けました。

戦後の高度経済成長下、日本政府はゼノさんの多年の功績に勲四等瑞宝章の叙勲をおこなったそうです。

77歳になっていたゼノさんは「ありがとう」と勲章を受け取ったあと、「これ、天国にいらないね」と言いながら黒い鞄にしまい込み、取材に来ていた記者たちを笑わせたといいます。

そのゼノ修道士の口癖は「ゼノ、死ぬ暇ない」でした。

そしてご自分を「人々の善意の運び屋です」と仰っていました。

ゼノさんの活動を受け継いでいる団体は、いまだに日本各地に存在します。

自分とは相容れない人のために使うほど、**人生は長くはありません。**

本当に困っている人のために尽力する。

自分の祖先や未来の若者たちのために尽力する。

自分を批判してくる人や、敵意を向けてくる人のことはさっさと赦してしまい、

こういったことに貴重な時間を費やす。

それこそが、本当に豊かな生き方なのではないでしょうか。

27

人を憎まず、ただ善きことをする

✿耐え難い苦しみを受けた「ヨブ」の物語

ときに人生では、理解に苦しむほどに受け入れられない「天災」や「人災」が降りかかります。

少し長くなりますが、聖書にある「ヨブ記」の話をご紹介します。

耐え難い苦難が訪れたとき人はどうすればよいのか、という話です。


ヨブの息子、娘が、長兄の家で宴会を開いていた日のことである。

ヨブのもとに、一人の召使いが報告に来た。「御報告いたします。わたしどもが、牛に畑を耕させ、その傍らでろばに草を食べさせておりますと、シェバ人が襲いかかり、略奪していきました。牧童たちは切り殺され、わたしひとりだけ逃げのびて参りました。」

彼が話し終らないうちに、また一人が来て言った。「御報告いたします。天から神の火が降って、羊も羊飼いも焼け死んでしまいました。わたしひとりだけ逃げのびて参りました。」

彼が話し終らないうちに、また一人来て言った。「御報告いたします。カルデア人が三部隊に分かれてらくだの群れを襲い、奪っていきました。牧童たちは切り殺され、わたしひとりだけ逃げのびて参りました。」

彼が話し終らないうちに、更にもう一人来て言った。「御報告いたします。御長男のお宅で、御子息、御息女の皆様が宴会を開いておられました。すると、荒れ野の方から大風が来て四方から吹きつけ、家は倒れ、若い方々は死んでしまわれました。わたしひとりだけ逃げのびて参りました。」

ヨブ記 1章 13-19節

ヨブは神を深く信仰する人です。

神を敬って、富にも執着せず、家族も正しく繁栄していましたが、**神様がすべてを奪ってしまったのです**。なんとも救われない物語です。

さすがにヨブも「なぜそんなことをするのか？」と感じたことでしょう。

ですが話は次のように続きます。

ヨブは立ち上がり、衣を裂き、髪をそり落とし、地にひれ伏して言った。
「わたしは裸で母の胎を出た。裸でそこに帰ろう。主は与え、主は奪う。
主の御名はほめたたえられよ。」

ヨブ記 1章 20-21節

神は与えてくれる代わりに、奪いもする。
それが世の真理であると、受け入れたのです。

私の祖父の「ヨブ記」

もう一つ、別の話をさせてください。
被爆体験者である、私の祖父の話です。

祖父は潜伏キリシタンの末裔として、長崎市内で新婚生活を送っていました。結婚してすぐに赤ちゃんを亡くしたばかりでしたが、曾祖父と奥さんと共に、戦下でも仲睦まじく質素に幸せに暮らしていたそうです。

しかし原爆で、**一緒に暮らす家族を全員亡くすことになります**。
教師だった祖父は爆心地から少し離れた場所で生徒と作業していたために被害が少なかったようですが、実家のある浦上は爆心地から500m～1㎞以内。

必死に曾祖父と奥さんを探すも、骨さえ見つからなかったそうです。

そしてとても大事にしていた実妹も、被爆から1ヶ月で亡くなりました。


家族を全員失う。

想像を絶する、耐え難い悲しみでしょう。

ですがそのなかにあってさえ、祖父の口から出てきた言葉は「主は与え、主は奪う。主の御名はほめたたえられよ」だったそうです。

この被爆体験は『原子野の「ヨブ記」』という本に、ひとつの体験記として書かれています。

✿どれだけ悲惨な人生にも意味はある

私たち一族は原爆投下から約80年経った今も、その後遺症に苦しんでいます。

祖父は孫が生まれるたびに、まず五体満足かじっくり見てから、最後に喜んでいたと母から聞いたことがあります。

それでも祖父は、原爆を落としたアメリカ人を憎まないと話していたそうです。

あんな酷いことをされたのに、バカじゃないか。

周囲には、そう言って呆れる人もいたそうです。


なぜ祖父は、一生忘れることのできない深い傷を負わせた相手を赦せたのか。

その答えは、祖父の本に書いてありました。


「目の前の孤児を助けることに必死だった」


祖父は被爆後、先ほど紹介したゼノ修道士たちとともに、悲しむ暇もないままに、戦争孤児のための孤児院を作ることに奔走した時期があったようです。

きっとそうしなければ、**深い悲しみに覆われて前に進めなかったのでしょう。**

目の前に愛すべき存在があったから、憎しみの感情に囚われなかったのです。


しかし孤児院設立から数年後、放火によって7人の孤児を失った責任を感じて、祖父は園長をやめることになります。

ここまでくると、人生に意味など見出せなくなってしまいそうです。

それでも祖父は粛々と命をつないで、多くの子どもと孫を遺してくれました。

そのおかげで、今の私があります。

残念ながら私の自我が芽生える前に、祖父は他界してしまいました。

深く話すことは叶いませんでしたが、聞くところでは、施設をやめてからも教員として関わり、一般の生徒からも慕われていたそうです。

晩年まで孤児の卒業生たちがよく家を訪ねてきて、「お父さん」と呼ばれて慕われていたようでした。

罪を憎んで人を憎まず。

私には到底できませんが、それを実行した祖父を心から尊敬しています。

慰められるよりも、慰める者に

ヨブが子を全員失ったように。

祖父が家族を全員失ったように。

ときに人生は、これでもかという苦しみを与えてきます。


理解できない苦しみを受けたとき、私たちはどうすべきなのでしょうか。

正直、当事者になったことのない私にもわかりませんし、無責任なことは言えないとも思います。


ですが祖父のように、**憎しみを愛に変換してみるのも手なのだと思います。**

「つらさを善行で紛らわす」ということです。


他者から理不尽を押しつけられたとき、私はある「祈り」を唱えます。

イタリアにあるカトリック教会の修道会「フランシスコ会」の創設者、アッシジのフランチェスコ（聖フランシスコ）がつくったと信じられてきた「フランシスコの平和の祈り」と呼ばれる祈祷文です。

主よ、わたしを平和の器とならせてください。
憎しみがあるところに愛を、
争いがあるところに赦しを、
分裂があるところに一致を、
疑いのあるところに信仰を、
誤りがあるところに真理を、
絶望があるところに希望を、
闇あるところに光を、
悲しみあるところに喜びを。

ああ、主よ、慰められるよりも慰める者としてください。
理解されるよりも理解する者に、

愛されるよりも愛する者に。
それは、わたしたちが、自ら与えることによって受け、
許すことによって赦され、
自分のからだをささげて死ぬことによって
とこしえの命を得ることができるからです。

フランシスコの平和の祈り

この祈祷文は、1913年にフランスのノルマンディー地方にあった信徒団体「信心会」の年報『平和の聖母』に掲載されたことがきっかけで、第一次世界大戦の戦渦のなかで世界に広まりました。
その後、マザー・テレサやヨハネ・パウロ2世、マーガレット・サッチャーなど、多くの宗教家や政治家が演説で引用するなど、世界中で愛唱されてきました。

人間誰しも、他者に腹を立てることはあるでしょう。

平和に穏やかでいたいのに、それとは真逆の攻撃をしてしまいたくなります。

しかしじつは、**すべての攻撃性の根底には「理解してほしい」「助けてほしい」「愛してほしい」といった感情が隠れている**と言われます。

攻撃してきた相手にやり返すのではなく、理解し、愛してあげる。

それができたなら、きっと相手からも同じエネルギーが還ってきて、自分も満たされることでしょう。

この考え方を、「フランシスコの平和の祈り」は教えてくれました。

善きおこないをし、祈るしかない

じつは「ヨブ記」には、その後の話があります。

すべてを奪われたヨブは、そこから精進して、最後は奪われる以前よりもさらに繁栄したという結末を迎えるのです。

それでも、また神に奪われるのかもしれません。

運命は「神のみぞ知る」です。

運良く素敵な人と出会い、幸せな結婚をしても、祖父のようにすべてを失うかもしれません。

もしかしたら努力して生きることは無駄なのかもしれません。


でも、だからこそ私たちは、善いおこないをして、祈るしかありません。

人生に意味がないのだとしたら、**その意味を見つけるのは自分自身です。**

どれだけ悲しい出来事も、自分のなかで意味を咀嚼し、そして自分にとって意味のあることをする。

そうすることでしか、前を向く方法はないのだと思います。

4章のまとめ

他者が、煩わしい。

この4章では、「他者」という不自由から私が学んだことをお伝えしてきました。
最後に、学びの内容をまとめましょう。

22 やられても、やり返してはいけない

23 つらいときこそ未来への「種」を蒔く

24 100年後の「私たち」を考えて生きる

25 他人からの評価に意味はない

26 人と人はわかりあうことはできない

27 人を憎まず、ただ善きことをする

人と関わって生きている以上、他者からの理不尽な言動や、人間関係の摩擦で挫けそうになることはよくあります。

煩悩に溢れた人間である私も、「なんで自分ばっかり」「損したくない」「この世の中は不自由だらけだ」と思う気持ちは痛いくらいに共感できます。


ですがカトリックの教えでは、「他人のことは赦して放っておこう」「悲しみや怒りを手放そう」「他人を変えようとするのはやめよう」と言われます。

そしてできるなら、今だけでなく未来や、自分が死んだあとの世代が豊かになることを考えます。

そんな話をしてきました。


でも正直、こう思う人もいるでしょう。

「それができれば苦労しないんだよな」と。

私だってそう思います。

なかなか受け入れられるものではないからこそ、シスターは修行に人生を捧げて、一生の時間をかけて理解していくのです。

本を読んだだけで、すぐに受け入れられる人のほうが少ないでしょう。

とはいえ、皆さんが少しでもこの境地に近づけるよう、最後にある考え方をお伝えして、この章を終えたいと思います。

「天国に徳を積む」というものです。

聖書に、こんな一節があります。


「あなたがたは地上に富を積んではならない。そこでは、虫が食ったり、さび付いたりするし、また、盗人が忍び込んで盗み出したりする。富は、天に積みなさい。そこでは、虫が食うことも、さび付くこともなく、また、盗人が忍び込むことも盗み出すこともない。」

マタイによる福音書 6章 19-20節

現世で富を溜め込んでも人に盗られるから、それよりも天国に富を溜めなさい。そんな教えです。

実際、私も幼い頃から母に、こう言われて育ちました。

「相手から理不尽なことを言われても、ぐっと堪えて笑顔で返すとき。ありがとうって言われる親切をしたとき。手柄をそっと誰かに渡したとき。神様は見ていて、天国に綺麗な花を咲かせてくれるとよ。その花を見ることができるのは、死んだあと、天国に行けた人だけ。そういう人が幸せかとよ」

女手ひとつで6人の子供を育てた母も、きっとたくさんの理不尽な思いをしたことでしょう。

それでも、「死んでから神様に褒めてもらえる」という希望を抱き続けたことで、苦行に耐えることができたのだと思います。

その実感がこもった教えでした。


理不尽なことを言われたり、されたりしても、笑顔で耐える。

手柄を自慢せず、そっと誰かに渡す。

たとえ自分には何も得がないとしても、それが「天に宝を蓄えている」ことだと思えば乗り越えられるかもしれません。

ほかにも、たとえばトイレやお風呂を掃除するとか、家事や子育てとか。

他者という不自由にかぎらず、誰かに褒められたり評価されたりするわけではないけど、やらなければいけないことがあるときにも、大切にしたい考え方です。


「得を手にする」のではなく、「徳を積む」のです。

日々の小さな「徳を積む」行為は、良いエネルギーとなって循環して、あなたを幸せにするために還ってくるでしょう。

誰かに感謝されなくても、目に見えなくても、神様、お天道様は、きっと善行を見ているのだと思うのです。

「徳を積む」ことは、人間の欲求とは逆の行為です。

論理よりも理性によっておこなわれることであり、善にしたがう人間ならではの能力です。

それが「祈り」であり、正しく在りたいと願って行動する「信仰」なのでしょう。

あなたの価値を決めるのは、他者ではありません。

大切なのは、自分が信じるものを貫くことです。

そうすれば、他者に振り回されず、自分にとって豊かな人生を送ることができるでしょう。


向きあうべきは他者ではなく、自分が信じる生き方である。

これが、私が「他者」という不自由から学んだことでした。

5章

苦しみを乗り越えるには

――「運命」という不自由から学んだこと

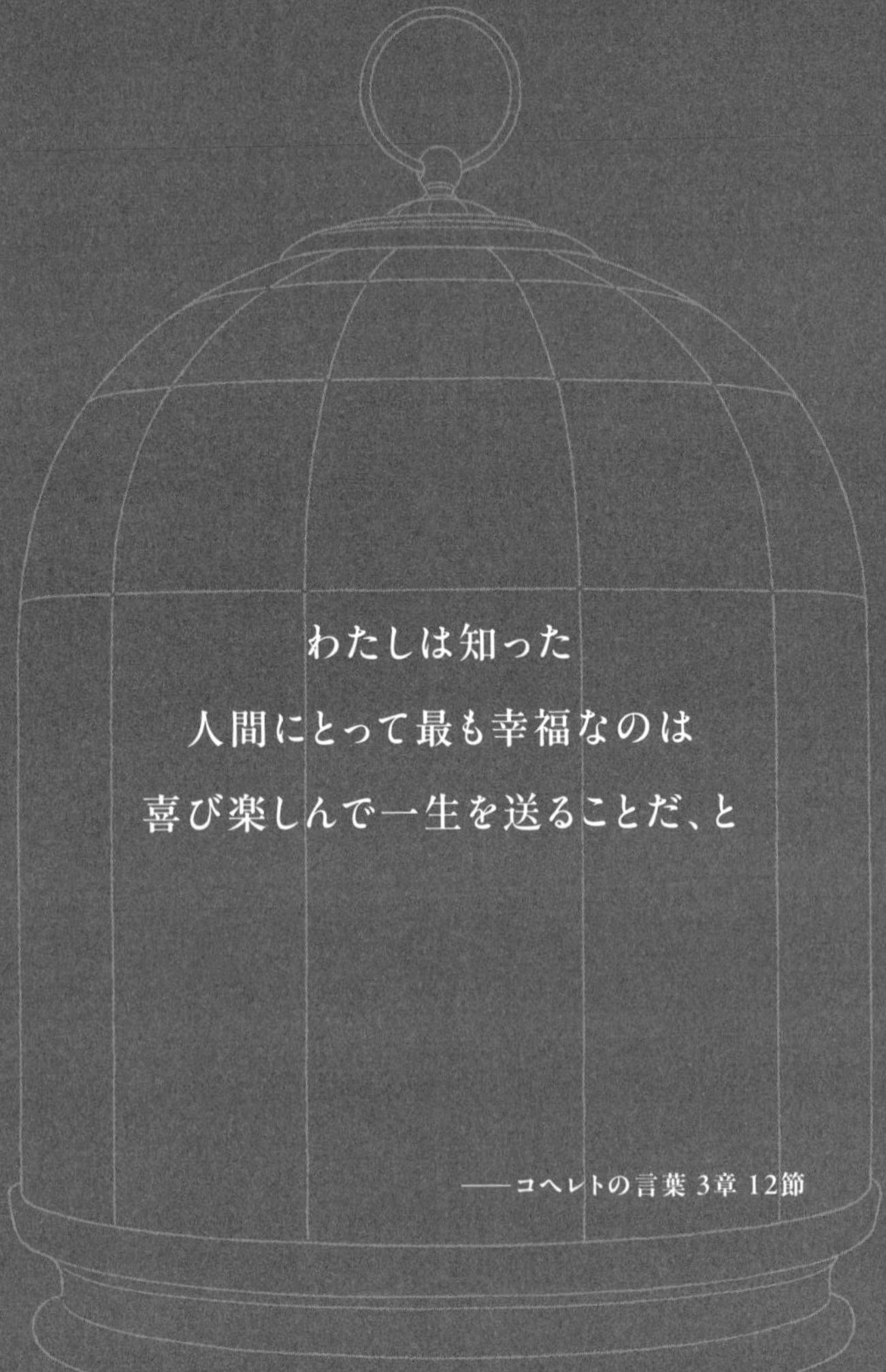

わたしは知った
人間にとって最も幸福なのは
喜び楽しんで一生を送ることだ、と

——コヘレトの言葉 3章 12節

人には、生まれながらにして決まっていて、変えられないものがあります。

生まれた家系。

肉体的な性別。

元々の体質や身体的な造形。

生まれ持った病気。

誰にだって、自分の力では変えられないことが存在するかと思います。


そして残念ながら、人生は不平等です。

貧乏な家庭に生まれた人と、裕福な家庭に生まれた人とでは、人生における難易度や将来に対する選択肢は異なるでしょう。

人生のスタート位置でさえ、誰もが同じではありません。

私たちの人生には、生まれた瞬間から壁が立ちはだかっているのです。

欲しいのに、手に入らない。

やりたいことが、できない。

やりたくないけど、しなくちゃいけない。

他人が、煩わしい。

どれも悩ましい「不自由」ではありますが、それよりももっと大きく、逃れることのできない不自由があります。

変えたいのに、変えられない。

修道院に入るという決断をしたのは私自身です。

その世界でどれだけの不自由を経験したとしても、「自分で選んだ道だから」と、納得することができます。

私の人生に立ちはだかったのは、もっと別の壁でした。

この5章では、そんな「運命」という不自由から学んだことをお伝えします。

5章　苦しみを乗り越えるには

28

「変えられないこと」に執着しない

✿自分は「かわいそう」だと刷り込まれた幼少期

「ママ、今日もお仕事頑張ってくれてありがとう、小さなママより」

保育園から帰ってくるなり、私はひとりで押し入れにこもって泣いていました。

そして気を持ち直すと、母に手紙を書くのが毎日のルーティーンでした。

ヤクルトの蓋の銀紙を小人の帽子に見立てて彩った手紙を、母はいつも大事そうに眺めていたことを思い出します。

本書の冒頭でもお伝えしたように、私が生まれた家はとても貧乏でした。

兄弟が6人もいるので、学校に持っていく道具はすべてボロボロのお下がり。

他の人にはいるらしい「父親」も、ほとんど会うことがない。

皆が遊んでいるゲームもしたことがない。

ウィンナーという食べ物を家で食べたこともない。

誰かが決めた「普通」と違うだけで、いじめられることもありました。


そして保育園の頃から、運動会などの行事に誰も来てくれないことを「かわいそう」と言われて、刷り込まれてきました。

「自分はかわいそうな人間なんだ」

「恥ずかしい人間なんだ」

そう感じて、自分を責めていた時期もありました。


しかし子供ながらに、母子家庭だから仕方のないことだとは理解していたので、母に不満を漏らすことはありませんでした。

寂しさを紛らわすために、よく疲れて帰ってくる母に絵手紙を書いたものです。

6人兄弟の末っ子であり、女性であり、母子家庭であり、貧乏である。先祖代々カトリックの家系で、自分の意志とは関係なく神を信仰させられる。どれも生まれた瞬間に、すでにこの世界に用意されていた「不自由」でした。

私が修道院に入った「本当の理由」

環境を変えたいと強く願うようになったのは、小学校の低学年の頃でした。当時、母は無理がたたって体を壊し、うつ病になりました。目が光を受け付けなくなり、サングラスをかけるようになったのですが、「他の親とちょっと違う」という事実は小学生にとって「いじめる理由」として充分なものでした。

ほかにも、田舎ならではのしがらみを感じることは多く、私はこの片田舎の凝り固まった観念と狭い人間関係に悩まされて生きることに辟易していました。

ここで同級生と恋愛して結婚して、子供を産んでパートをして人生を終える。

それもひとつの幸せとは思いながら、その人生にしっくりきていませんでした。

そんなとき、同じカトリック信者の幼馴染が、夏休み中に催された修道院の体験入学のお泊まり会に誘ってくれました。

そこには素敵な中高生のお姉さんたちがいて、凛とした姿に憧れを抱きました。志があるなら、ここで学ばせていただける機会もあるらしい。

八方塞がりだった12年間の人生で、初めてわずかに道が拓けたように感じました。

これまでの人生は変わらない。
でも未来を変えられる選択肢も、ときに訪れる。
私はそう思い、家を出ると決めました。

人生には「変えられないこと」がある

人生には、どれだけ頑張っても変えられないものがあります。

これは事実です。

その事実に抗っていても、人生や労力を無駄にしてしまうだけでしょう。

「努力はいつか実る」と言われますが、それは実るようなことを努力している場合だけです。

そうではない努力は、ただの「無謀」となってしまいます。


神のような力があれば、この世の理から変えられることもあるかもしれません。

聖書に出てくるモーセは、追っ手から逃がれるために海をふたつに割って海底を歩いて渡りました。

ですが、それができたのは「神様の思し召し」があったからです。

私たち人間がいくら努力をしたところで、できることではありません。


どうあがいても、生まれもった「運命」を変えることはできません。

でも、悲観することはありません。

運命を変えることができないのなら、**変えられることに注力すればいいのです。**

過去や現在が変えられなくても、未来は変えられます。

その希望を持ち続けていたから、幼い頃の私も道を切り拓くことができました。

「変えられること」に人生を使う

自分では変えられないことは何か。

そして、変えられることは何か。

運命という不自由にぶちあたったとき、まずはこれを区別しましょう。


1章でお伝えしたように、修道院での日々のルーティーンのなかには、ノートを書いて内省する時間がありました。

その時間、私はノートに自分の不満や怒りも書き出していました。

続けていると、しだいにこの世界は**「変えられること」**と**「変えられないこと」に分けられると気づきました。**

生まれた家系、肉体的性別、元々の造形、性質、病気、災害、ルールなど。

これらは基本的に「変えられないもの」です。

変えることもできなくはないかもしれませんが、簡単ではありません。


一方で、生きる環境、習慣、思考、見た目の印象、知識、行動などは「変えられるもの」です。

私の場合、貧しい家に生まれたという事実は変えられませんでしたが、修道院に入ったことで生活する環境は変えられました。

そして一時は抗いましたが、修道院に存在するルールは変えることができず、代わりに見方を変えることにしました。


不自由な現実を「変えられない」と認めることは、ときにつらい判断ともなることでしょう。

ですがそれは、**諦めることではありません**。

変えられないことへの執着を手放すから、思考が、行動が、人生が、「変えられること」へと向いていきます。

あなたのかぎりある人生の時間を無駄遣いすることなく、希望につなげるための第一歩なのです。


それに、今は「変えられない」と決めたことも、時が経てば、状況や環境が変われば、もしかしたら変えられるようになるかもしれません。

そのためにも、まずは変えられることを見極め、そこから着手していくのです。


変わらないものは、どうしようもない。

それなら、**変えられるものを変えていくしかない**。

運命という不自由が立ちはだかったからこそ、私はこの真理に気づくことができました。

そして、その後の人生を生きる指針にもなったのです。

29 生まれながらの「呪い」なんてない

✿「血縁や家系」という不自由

変えられないもののひとつに、「血縁や家系」があります。

誰しも父と母から生まれ、その父と母もまた、先祖がいたからこの世に生を受けています。

生まれながらにして受け継いだ血や家系は変えることができません。

であるからこそ、**その事実が自らを苦しめることもあります。**

「親が宗教信者だから、私もその信仰に従わなければいけない」

「親から虐待を受けていたから、私もきっと子につらくあたってしまう」

「親が犯罪者だから、私もまっとうな人間にはなれない」

変えることのできない血や家系に悩まされている人は少なくありません。

たしかに、避けられない足枷となる場合もあるでしょう。

親から受けた教育によって形成された思考や価値観が、その後の人生でも自分を苦しめ続けることもあります。

ですが、いくら親や親族であっても、血がつながっていたとしても、**あなたとは別の人間です。**

カトリックの家系に生まれた私は、親と同じ道を歩んで修道院に入りました。

とはいえ、あくまで自分の意志ですし、今はこうしてカトリックの修道的な教えとは少し異なる人生を歩んでいます。

血や家系が、人の運命のすべてを決めるわけではないのです。

✿私を苦しめた「父」という呪い

他人の運命を背負って、自分を呪ってはいけません。

たとえ親や親族であっても、自分以外の存在は所詮「他人」です。

もし本当に血や家系が運命を決定づけるのであれば、2章でお伝えしたように、アダムとイブを始祖に持つあらゆる人類は生まれながらにして罪人です。


と、お伝えしましたが、私は人のことが言えません。

なぜなら私自身が長年、**この呪いに囚われて苦しんでいたからです。**

アダムとイブの「原罪」を幼い頃から刷り込まれてきたので「自分はダメな人間なんだ」と思い込んでいました。


とくに私を苦しめていたのが、父の存在でした。

母子家庭で育ったとお伝えしたように、物心ついたころには、すでに父とは離れて暮らしていました。

父は傍若無人な人で、私以外の兄弟は皆、とても苦労して育ったそうです。

数年に一度、兄と一緒に会いにいくと、仙人みたいな風貌で作務衣《さむえ》に下駄を鳴らして闊歩《かっぽ》する父に、5歳の私にも「普通のパパとは違う」ことがわかりました。

お金もないのに末娘の私にいい格好をしようとするので、兄たちに「絶対に何も買ってもらうな」と言いつけられ、板挟みになって困った私は泣いてしまいました。

何度か出かけたくらいで、父親らしいことをしてもらった記憶はありません。


そして成長するにつれて、少しずつ状況を理解し、しだいに父を嫌悪するようになっていきました。

ときおり、父の子であることが恥ずかしくなることもありました。

✿「呪い」は「言い訳」にもなる

「善い人間になろう」

そう心に決めても、私の心には父の幻影が現れます。

「私にも父の血が流れている。誰かを傷つけ、その傷で自分を苦しめて滅ぼしてしまうようなことがあるかもしれない」

こんな感情が押し寄せて、絶望することがありました。

しかしあるとき、新聞記者である友人に、ふとそんな気持ちを打ち明けると、こう言われてハッとしました。

「まったく関係ないから気にするな」

幼少期から青春時代の強烈な刷り込みと思い出によって勝手に思い込んでいましたが、たしかに父の人生と私の人生に関係はありません。

先入観で勝手に「自分もきっとそうなるに違いない」と、自分で自分を呪っていただけでした。

記者として数々の人生を見てきた友人が「血は関係ない」と何度もたしなめてくれたことは、勇気になりました。

そして**大体の呪いは、「言い訳」でもあるということにも気づきました。**

「父があんなんだから、私が他人を傷つけてしまうのは仕方ない」
「他人の気持ちがわからないのも、父の血が流れているからだ」

自分の未熟な点を、父や血のせいにすることがありました。
傷つかないために、わざと自分に呪いをかけ、被害者になろうとしていたのです。

負の連鎖は誰かが断ち切らなくてはならない

私がそうだったように、父もまた、血や家系という不自由に縛られていました。
父の母親は、父を産んですぐに25歳の若さで亡くなったそうです。
そして父は義理の家庭で育てられ、そこでとても苦労したようでした。
父をそんな環境に置いた祖父もまた、同じような境遇だったといいます。

誰かにされたことを、そのまま無意識に我が子にもしてしまう。

それが悪いこととか、誰かを傷つけているとはわからないまま、「自分がそうされてきた」から、自分も無意識にそうする。「負の連鎖」が続いてしまうのです。

この連鎖は、誰かが止めなければなりません。

それができるのは、**その不自由さに気づき、向きあった「自分」だけです。**


私がそう思えたのは、母の背中を見て育ったからでした。

誰から始まったかわからない負の連鎖の結果か、兄は25歳で亡くなりました。

父もその後、すぐに癌が見つかり、兄の死から2年後の冬に亡くなります。

母は兄を看取ったあと、離婚した父さえも引き取って親身に看病し、最期を看取りました。

さんざん苦労をかけられ、自分に酷いことをした父のことを赦し、愛しました。

そして、その大きな愛をもって、私にも接してくれました。


きっと母は、この負の連鎖を自分の代で止めようとして、必死に努力していたのだと思います。

意志の力で呪縛を断ち切る

ここまでの話と少し矛盾するようですが、親からの影響というものは少なからず存在するとは思います。

親から受ける教育方針もありますし、血やDNAを共有しているということは、性質や考え方などにも多少は似た部分が出てくるはずです。

でも意志の力があれば、**その連鎖は断ち切れます。**

性質とはあくまで「そういう傾向の思考が出てくる可能性がある」ということ。意志によって、その欲望を否定し、抑えることはできます。

父は酒癖が悪かったので、私にもお酒に溺れる性質があるかもしれないと思っていました。だから私はお酒をあまり飲みません。

父はお金使いも荒かったようなので、反対に私は堅実になりました。

もちろん完璧ではありません。私も、欲望に負けたことはあります。

ですが影響を受けている自覚があるのなら、先祖を反面教師にして、自分を律することもできると思うのです。


私にも、生まれたばかりの幼い子供がいます。

母のように、負の連鎖を愛に変えて還すことができるのか。

はたまた新たな鎖をつないでしまうのか。

きっと、運命は決まっていません。

すべてはこれからの、自分しだいなのです。

30 弱さを抱えたままでも生きていける

自分の「性質」という不自由

誰しも苦手なことや嫌いなことはあるでしょう。

持って生まれた「性質」。

これを変えることができず悩んでいる人も少なくないと思います。


たとえば私は、朝が弱いという性質を持っています。

学生時代、夏休みの朝のラジオ体操に寝坊して遅刻したり、教会のミサに行けなかったりしました。

社会に出てからも、会社の出社時刻を守るなどの当たり前のルールに馴染めず苦労しました。

一方で夜には強く、夜になると集中力が高まります。

修道院でも夜10時の消灯時間にはあまり眠れず、ベランダに出て物思いにふけったり、見つかっては怒られたりしていました。

性質を嘆いても意味はない

昔の私は、「朝が弱い自分はダメだ」と考えて自己否定に陥っていました。

ですがよく考えてみると、朝が弱いのは私の「性質」であり、いくら自分を責めたところで変わりませんし、時間を守れるようにもなりません。

変わらないことを嘆いても、**ますます自分のことが嫌いになってしまいます。**

では、どうするか。

ここでもやはり、変えられる部分を変えるしかありません。

私は朝が弱いという性質を抱えたままで、時間を守れるようになるための工夫を考えてみました。

「夜は早く寝る」

「アラームを何重にもかける」

そんな初歩的なことでしたが、それだけでも効果は出ました。

そしてしだいに遅刻は減り、ミサにも参加できるようになったのです。

自分の性質を憎んだり、自分を責めたりしていては、現実は何も変わりません。

少しでも現実を変えたいと願うのであれば、**まずは自分の性質を「変えられないもの」だと受け止めましょう。**

そのうえで、必要な手立てを考えるしかありません。

変えられない性質に悩むくらいなら、むしろ受け止め、ゆるしてあげてもよいのではないでしょうか。

「ありのままのあなたでいい」と、イエス様も言っています。

神様がゆるしてくれているのだから、ときどきは自分のことをゆるしてもいいはずです。

✿そこは、「あなた」が咲ける場所ですか？

修道院ではJポップや流行りの歌を滅多に聴けません。
でも私がいた修道院では、ひとつだけ、聴くことが許された歌がありました。
SMAPの「世界に一つだけの花」です。
この歌にもあるように、人はみんな、それぞれ違う性質を持っています。
ただ花は、日照時間や水の量といった、環境との適性が合わないと枯れてしまいます。

人が持つ「性質」という花も同じです。
その性質をうまく咲かせることができず、現状に不自由さを感じるとき、それはもしかしたら、**その環境が自分の性質に合っていないだけのことかもしれません。**

そんな自分を責めたり、無理に変えたりする必要はありません。

自らの性質のことをよく知り、適切な環境へ移ればいいのです。


「朝に弱くて、夜に強い」

私がずっと悩んでいたこの性質も、環境が変わったことで強みになりました。

デザイナーやクリエイターとしては、この性質がとても役に立ったのです。

たとえば夜遅くにクライアントから電話を受けて、「翌朝までに」という理不尽な要望をされることもありました。

ですが私は、人が寝ている時間に仕事をするのが好きだし得意なので、なんとか乗り越えられました。

朝起きることがつらい私にとっては、夜中に作業できるほうが精神的にもラクだったのです。

もちろん大変な仕事ではありましたが、それでも、自分に合っていると感じて少しだけ生きやすくなりました。

✿「あなた」という花をどこで咲かせるか

『置かれた場所で咲きなさい』

修道女でもあった渡辺和子さんが書かれた、累計200万部を越える大ベストセラーのタイトルです。

これは、渡辺さんが宣教師から渡されたメモに書かれていた「Bloom where God has planted you」という言葉がもとになっています。

本書でこれまでにお伝えしたように、不自由に思える事実も見方を変えると、その意味が変わってきます。

たしかにどんな場所であっても、自分という花を咲かせるための希望を見出すことはできると思います。

ですが私は、もし自らの意志で環境を変えられるのなら、このかぎりでなくていいと思います。

「咲ける場所に、自らを置く」

これも、大切なことではないでしょうか。


この世に、完全なる「悪い性質」など存在しません。

あらゆることとは、そこに存在する人やルールとの相性で判断されます。

私はおっちょこちょいで頑固で、世間知らずで他人に甘えがちな性格だと、よく言われます。おそらく母から受け継いだ性質だと、自覚しています。

でも、そんな私の性質を可愛がってくれる仕事仲間に恵まれました。

たとえ欠点に思える性質であっても、それを受け入れ、愛してくれる人のいる環境がきっとあるはずです。

自分の性質を理解し、どこで咲けばよいのかを見極めることで、少しだけ生きやすくなるかもしれません。


あなたという花が、自由に咲ける場所。

性質という不自由が、その場所へと導いてくれる道標になるのです。

31

容姿も傷も「魅力」に変えられる

✿バラにはバラの、百合には百合の美しさがある

容姿、障害、傷。

生まれ持ったものにせよ、不慮の事故などで負ったものにせよ、基本的には手術でもしないかぎり変えることのできない事実です。

運命の悪戯によって刻まれた身体的特徴を、自らの人生を縛る不自由だと感じている人もいることでしょう。

私の足の甲には傷があります。

私が1歳に満たない頃、ナイフで遊んでいた兄によってつけられたものです。

事故ではありましたが、私はこの傷が嫌いでした。

ですが今、私はこう思います。

ありのままの姿を受け入れることが、本当に心を打つ美しさにつながる、と。

欠点も見方を変えると「魅力」になる

私がいた修道院の創設者である江角先生は、こんな言葉を残しています。

「あなたがたひとりひとりは、個性を持って咲く花である。庭に咲くバラや百合かもしれないし、野に咲く一輪の花かもしれない。そしてもし野の花がバラの花のようになりたいと思って、ひねくれた花を咲かせるより、自分自身の花を咲かせることに努めて野の花は野の花らしい花を咲かせたほうが、どれ程価値があり美しいことか。」

自分らしさをよく理解して、その身を尽くして自分らしく咲き、周りに貢献しなさい。そんな教えでした。

私は江角先生のおかげで、足の甲にある傷が愛おしいと思えるようになりました。

今となっては、亡くなった兄との大切な思い出でもあります。

あえてその傷が見えるサンダルを履いたりするのがお気に入りになりました。


手足に先天的な障害のある友人がいます。

幼い頃はそれによっていじめられ、つらい思いをしたそうです。

ですが手術をし、機能的に手足を使えるようになったことで「健常者にはできない便利さを手に入れた」と話しており、美しい強さを感じました。

以前お仕事をご一緒した、海外のコレクションなどにも出るようなモデルさんは、「幼い頃はこの背の高さと独特な顔つきが嫌で仕方なかった。でも今ではそれが武器になっています」とおっしゃっていました。

最近では、自身の障害を活かしたスタイリングやポージングをして脚光を浴びるモデルさんもいます。

不自由に感じていた身体的特徴も、見方を変えると愛おしいと感じたり、武器に変わったりするのです。

美しさが、感情を変える

変えることのできない姿形を受け入れる。

「それができれば苦労しない」と感じる人もいるでしょう。

長年悩んできたことであれば、その感情から抜け出せないのは当然です。

もし自分では肯定的にとらえられないのであれば、**他者から評価してもらうという手もあります。**

その姿形が美しいと評されるよう、デザインしてみるのです。

カトリックは死後の世界を美しい絵画に描くことで、人々にとって受け入れやすいものにしました。

たとえば、バチカン宮殿のシスティーナ礼拝堂にある、ミケランジェロが描いた巨大なフレスコ画『最後の審判』。

この絵には、見た人が「天の国には神様がいて、こんなに素敵な場所に行けるのなら、死は恐ろしくない」と思うほどの美しさがあります。

海外の教会では神やキリスト、聖母マリア、天使などが美しく描かれています。畏怖《いふ》の念を抱くような存在を「美」を持って伝えることで、受け入れられるようにしているのです。


昔、母が野に咲く花を見て、「神様は本当にすごい。こんなに美しいデザインと配色で創り、しかもどれひとつ同じものがないのだから」と言ったことがありました。

この世のすべての人間や生物は、神によって創造されたものです。

そう考えると、人とは違う障害や容姿は、**神から授かった自分だけの個性とも受け取れます。**

違っているから劣っている。それは一種の先入観です。

美しくデザインすることで、違いは武器や魅力となります。

たとえ自分では受け入れられなくとも、他者からの評価を得るうちに、自分の気持ちも変わっていくことでしょう。

不自由な自分を「自由にデザイン」する

「美しくデザインする」と聞くと、「飾り立てること」と思うかもしれません。

しかし、デザインの本質はそうではありません。

デザインとは、「その人の良さを最大限に引き出し、魅力をそっと際立たせること」だと私は考えています。

人によって似合うメイクや服装が異なるように、自分を引き立てる方法は人それぞれです。

大切なのは、自分に合った方法を選ぶことです。

「自分がどうなりたいか」

「どうなった自分が好きか」


これを大事にするのです。

そのためにも、まずは「自分らしさ」とは何かを知ることが大切です。

コンプレックスを悲観したり、目を背けたりするのではなく、しっかりと向きあう。

ありのままの自分をいったん受け入れ、愛してあげる。

そこから、なりたい自分になるようデザインできないか考えてみる。

そうすることでコンプレックスさえも武器になり、自分らしい花を咲かせられるようになるでしょう。

32 最後はなるようになるしかない

「隣人を愛する」の本当の意味

聖書に、次の言葉があります。

イエスは言われた。『心を尽くし、精神を尽くし、思いを尽くして、あなたの神である主を愛しなさい。』

これが最も重要な第一の掟である。

第二も、これと同じように重要である。『隣人を自分のように愛しなさい。』

マタイによる福音書 22章 37-39節

有名な「隣人を愛せ」の話です。

私は幼い頃、この節は「隣の人に最大限優しくしなさい」という教えだと思っていました。

けれども今では、**「他人を変えようとせず、ありのまま受け入れなさい」**という意味ではないかと感じています。

他者もまた、「変えることのできない存在」です。

無理に変えようとすると、かえって関係がこじれるものです。

「そうですか」と受け流しながら、善悪を判断せず、他者を他者として受け入れることが大切です。

良い悪いなどと批判するから、相手も自分も苦しくなるのです。

自分を傷つけてきた相手に対して、何も言わず、相手の幸せを願うようにしてみてください。

そして同時に、**あなた自身もまた、他者から見ると「変えられない存在」である ことを忘れてはいけません。**


他人にコントロールされる必要はないのです。

あなたの人生は、誰にも侵されることのない聖域です。

「自分の人生を左右する権利」を誰かに渡してはいけません。


あなたは他者を変えられません。

ですが他者も、あなたを変えられないのです。

変えることができるのは、自分の人生と思考だけです。

この他者受容と自己受容こそが、「自分を愛するように他人を愛する」ことの本質ではないかと思っています。

✿すべては「なるようになる」しかない

人生には、何をやってもうまくいかないときがあります。

そんなときは、すべてを受け入れるしか方法はありません。

人生で窮地に陥ったとき、**私の脳内ではビートルズの「Let It Be」が流れます。**

ポール・マッカートニーが作詞作曲を手がけた名曲です。

彼の母であるメアリーは、彼がわずか14歳のときに亡くなっています。

そのメアリーが、死後10年以上経ってから彼の夢に現れて伝えた言葉が、「Let It Be（なるがままにしておきなさい）」でした。

歌の中には「Mother Mary（母のメアリー）」という言葉が登場します。

この歌は宗教的意味がないことで知られていますが、ポールはあえて「Mother Mary」と呼ぶことで、宗教的な解釈の余地を残したと語っています。

なぜなら彼の母はカトリックであり、この呼び方からは「聖母マリア」を連想することができるからです。

そして聖母マリアは、受胎告知の際に次の言葉を返したと聖書に書かれています。

「Let it be to me according to your word.」

（お言葉どおり、この身に成りますように）


マリア様がイエス様を産んだのは16歳のときだと言われます。受胎告知されたときはまだ婚約中で、12～14歳だったのではとされています。誰とも付きあったことがないのに、急に目の前に大天使が現れて「お腹の中に赤ちゃんがいますよ。しかもその子は救世主です」と言われたわけです。


私ならきっと、大パニックになるところです。

でもマリア様は「神様のお言葉のとおりになりますように」と、受け入れました。

窮地に立たされたときに頭の中で「Let It Be」を流すと、そんな偉大なるマリア様のお力を借りて、いかなる事態をも受け入れられる気がしてくるのです。

✿神の思し召しを受け入れる

修道院にいるとき、15歳で兄を、17歳で父を亡くし、将来に何にも希望が持てなくなりました。

「人はどう抗っても死ぬ」

その事実に、生きる意味が見出せず虚無感に襲われたからです。

その後も、働いた先でいじめられたり、暴力を受けたり、裏切られたりして心身を病んだこともあります。

そんなときも、思し召しのままになりますようにと、受け入れてきました。

自分の力ではどうしようもない事態に直面したとき、人智の及ばない力に身を委ねてみるのもひとつの方法です。

すると、不思議と物事がうまく運んでいきました。

ありのままを受け入れるとは、「降参する」とも言えるかもしれません。

良い意味で「**神様のせい**」**にするのです。**

私たちは、ただ大きな川を流れる木の葉のような存在。

すべてを神様に委ねている精神になってみると、どうしようもない現実も「そういうものだ」と受け入れやすくなります。


必死に坂を登ることだけが、人生ではありません。

立ち止まってみたり、ときにはあえて速度を落としたり、休んだり引き返したりしてみると、まったく違う幸せに出会えることもあります。

自分が望んだわけではない状況も、受け入れてみると案外うまくいったり、溺れたり、ときどき学んだりします。


うまくいかないときは流れに逆らわずに、為すがまま、流されてみる。

そんな柔軟な生き方もまた、人生を豊かにしてくれるでしょう。

予測がつかない方向に流されるから、人生は面白いのです。

33

笑うことさえできればいい

✿人間が「最後」にできること

「もう無理だ、生きることを諦めたい」

人生にはときおり、一切の希望が持てない状況が訪れます。
家族や大切な人が亡くなったとき。
仕事や挑戦で失敗したとき。
仲間や大切な人に裏切られたとき。
私もそう思ったことが何度かありました。

受け入れることも、受け流すことも、赦すことも難しい。

そんなとき、最後にできることはひとつしかないと思います。


笑うことです。

笑うことで気を逸らし、「いつか報われるときがくるかもしれない」と思って、耐えるのです。


『夜と霧』という本を読んだことがあるでしょうか。

アウシュビッツ収容所で生き残った精神科医ヴィクトール・E・フランクルが、自身の体験をもとに書いた名著です。

彼はユダヤ人というだけでナチス軍に捕えられ、家族と引き離されました。

次々と仲間が殺されていく、生きる目的など見出せない過酷な状況で自身を癒してくれたもののひとつが「ユーモア」だったと、本にはあります。

✿すてばちになって笑ってみる

「ユーモアくらいで現実の苦しみが紛れるものか」

そう思う人もいるかもしれませんが、実際に我が家もユーモアによっていくつもの困難を乗り越えました。

6人兄弟のなかでも、私と年が比較的近い次兄と三兄はお笑いが大好きでした。

当時は1990年代、お笑いブームの全盛期。

お笑いコンビのように絶妙なコンビネーションとセンスで私を毎日笑わせてくれる兄たちのことを、世界でいちばん面白いと思っていました。

ほかの兄弟たちもユーモアがあって、貧乏な家庭でのエピソードを私にいつも面白おかしく話してくれました。

父が作った借金の取り立てから逃げた話。

電気も水道も止められた家で子供だけでやり過ごした話。

ピカピカに磨き上げた泥団子で物々交換して「わらしべ長者」をした話。

当時流行っていたシール付きお菓子のお菓子だけ友達にもらって食べていた話。

普通なら笑えないような経験も、面白おかしく話してくれたことで、私も自分の境遇を悲観しすぎることなく笑うことができました。


悲惨な経験や怒りさえも、視点を変えれば笑い話にできるのだと、家族から教えてもらいました。

今になって思うと、**不自由な家庭環境の中で唯一の救いになるものが「笑い」だったのだと思います。**

そうやって、つらい現実と向きあっていました。

『夜と霧』でも、「すてばちなユーモア」と表現されていました。

絶望のなかで最後に縋《すが》れるもの。

それが「笑い」なのかもしれません。

✿笑えるかぎり、人生を諦めない

私を勇気づけるために明るくしてくれていた次兄は、25歳で亡くなりました。

最期はいちばん仲の良かった三兄と母が看取りました。

そのとき、病室ではウルフルズの「笑えれば」が流れていたらしく、それも兄らしいなと思いました。


私は今でも、あの曲がかかると笑いながら泣けてきます。

そして、明日も生きようと思うのです。


「笑っているのか、泣いているのかわからない毎日だ」

そう思っていましたが、まだ笑えるうちは救いがあるのかもしれません。

本当に絶望したときは、感情がいっさい動かなくなります。

そんなときは、耐えたり抗ったりはせず休んだほうがいいでしょう。

でももし、まだ笑うことができるなら、**いったん全部を捨てて笑ってみましょう。**

「この状況、ヤバすぎるな」

そんなふうに現実を客観視できると、気持ちが少し軽くなります。
そして、いつかこの苦境を笑って人に話せる日がくるかもしれない、報われるときもくるかもしれないと思えば、少しだけ勇気と力が出てきます。

ありのままの自分を、まるで他人のように笑い飛ばす。
どんなに理不尽でも、怒りたくても。
窮地のときこそ腐らず、笑顔で現実と向きあう。
そうしてこの不自由な人生を切り抜けるための力を、私たちは持っているのです。

5章のまとめ

変えたいのに、変えられない。

この5章では、「運命」という不自由から私が学んだことをお伝えしてきました。

最後に、学びの内容をまとめましょう。

28 「変えられないこと」に執着しない

29 生まれながらの「呪い」なんてない

30 弱さを抱えたままでも生きていける

31 容姿も傷も「魅力」に変えられる

32 最後はなるようになるしかない

33 笑うことさえできればいい

運命という不自由が立ちはだかったときは、その流れに身を任せてみます。
そのためには、人生を「うまくやろう」と思う気持ちを手放すことが第一歩となるでしょう。

生まれてきたからには成功しなければならない。
幸せにならなければいけない。
そんな思い込みに支配されている人も多いと思いますが、聖書の中にある「伝道者の書」には、「人生は空《むな》しい」と書かれています。

空の空。伝道者は言う。空の空。すべては空。日の下でどんなに労苦しても、それが人に何の益になるだろうか。

伝道者の書 1章 2-3節

著者のソロモンは、イスラエル国家がもっとも栄えた時代の王様です。知恵と名声に富んだ人物ですが、その王様が「空の空」と、人生の空しさを語っています。

成功するもしないも偶然で、最後は皆死ぬ。

だから大切なのは成功することではなく、つねに先に進むことだ、と。

「伝道者の書」では、具体的に次の5つを「空しい」と書いています。

一つの世代が去り、次の世代が来る。しかし、地はいつまでも変わらない（地上の空しさ）

伝道者の書 1章 4節

私は心の中で言った。「さあ、快楽を味わってみるがよい。楽しんでみるがよい。」しかし、これもまた、なんと空しいことか（快楽の空しさ）

実に、日の下で骨折った一切の労苦と思い煩いは、人にとって何なのだろう（労苦の空しさ）

伝道者の書　2章　1節

私はまた、あらゆる労苦とあらゆる仕事の成功を見た。それは人間同士のねたみにすぎない。これもまた空しく、風を追うようなものだ（成功の空しさ）

伝道者の書　2章　22節

金銭を愛する者は金銭に満足しない。富を愛する者は収益に満足しない。これもまた空しい（富の空しさ）

伝道者の書　4章　4節

伝道者の書　5章　10節

数千年前も今も、人間の空しさの根源はたいして変わっていないようです。そして最後には、こう書かれています。

結局のところ、もうすべてが聞かされていることだ。神を恐れよ。神の命令を守れ。これが人間にとってすべてである。

伝道者の書 12章 13節

すべての運命はすでに決まっているのだから、私たちは善行を選び、隣人を愛し、赦し、平和のために生きることが最善である。ソロモン王は、そう結論づけています。

すべては偶然、すべては運です。
努力してもうまくいかないこともあれば、思いがけずうまくいくときもあります。

すべては神が決めたことなのです。

その運命に抗っても意味はありません。


ですが、その運命をどうとらえるかは、あなたの自由です。

誰からも指図されることはありません。

いっときの幸運や不幸に一喜一憂したり、心を惑わされたりするのは、運命という不自由に振り回されている状態です。

運命の意味を自由に解釈して、謙虚に実直に、感謝の気持ちを忘れずに、自分が思う「在りたい姿」で生きる。

それが自分にとっていちばん心地良い、自由な生き方なのではないでしょうか。


不自由な運命を自由に解釈して、自分の「在りたい姿」を自由に生きる。

これが、私が「運命」という不自由から学んだことでした。

おわりに
――不自由は「幸せ」だったのかもしれない

「不自由」と聞くと、どんなイメージを思い浮かべるでしょうか。
束縛されることが苦手な私は、この本を書くまでは「不自由＝不幸」だと思い込んでいました。

ですが執筆を通して、あることに気がつきました。
その思い込みは間違っていたのかもしれないと思う発見があったのです。
それは先日知った、「幸」という字の成り立ちです。

「幸」という字は「手枷」、つまり「手錠」の象形であるそうなのです。

「手錠でつながれた不自由な状態が、なんで幸せという意味に……？」

「手枷」の象形

▼

幸

不思議に思った私は、さらに調べてみました。

すると、不自由な手錠が「幸せ」となったのには諸説ありました。

そのひとつが、これ。

「手錠をはめられている状態から解放されると幸せだから」

その解釈は少し無理がある気もしましたが、それでも私は、こう感じました。

「不自由な状態でも、幸せを感じることはできる」

「むしろ不自由があるからこそ、その反対である幸せを感じとれるのだ」

きっと古《いにしえ》の人たちも、潜在的にこのように実感していたのではないでしょうか。

この本で書いたように、これまで感じてきた「不自由」の中にも、たしかに幸せはありました。

家族とささやかにクリスマスを祝うとき。

恋人とただ散歩しながら、ふざけあい、他愛もない会話で笑顔になるとき。

多くのしがらみの中でも、同僚と協力して仕事の目標を達成できたとき。

お金がなかったり、心無い批判をされたり、いろんな不自由があったけれど、大切な人たちがいてくれたおかげで、とても幸せだったように思います。

修道院生活だけでなく、社会に出たあとも、いくつもの「不自由」を感じて生きてきました。

独立して自由になった今はどうかというと、状況はそれほど変わりません。

すべての責任を自分で負うことになりました。

生活の保障もなければ、仲間を見つけるのも一苦労です。

仕事を依頼して誰かを雇うなら、その責任も負うことになります。


自由には責任が伴います。

自由であるということは、この世界の秩序から逸脱しているということ。

つまり誰も守ってはくれません。

安全性は担保されておらず、すべて自分で考えて、やらなくてはいけない。

そんな新たな不自由に囚われました。


「不自由」があるということは、ある意味で誰かが整えた「安全な領域」にいると

いうことだったのだと気づきました。

日本はお堅いルールばかりで不自由だと言われがちですが、そのおかげで、世界の中でも安全な国として有名です。

一方で、ルールが少ない代わりに、危険で犯罪が多い国もあります。

あらゆることが無秩序で、自分で自分の身を守らなくてはならない。

そんな環境に不自由さを感じている人も、当然いるでしょう。

夏目漱石は、人間は「自由を得ると不自由を感じる」と言ったそうです。

フランスの哲学者、ジャン＝ポール・サルトルは、「人間は自由の刑に処されている」とも表現しています。

きっと自由と不自由は同居しているということなのでしょう。

現実を自由ととらえるか、不自由ととらえるか。

どちらを選ぶかは自分しだいなのです。

最後に、皆様への感謝をお伝えさせてください。

まず、今回の執筆の機会をくださったダイヤモンド社様と、本書の製作に関わってくださったすべての皆様。

とくに、覚束ない執筆活動を支え導いてくださった編集者の石井一穂様、作家エージェントの渡辺智也様、そのご縁を導いてくださったＳＨＯＷＫＯ様に、心より感謝申し上げます。


また、ひねくれていた思春期の私を正しく見守り育ててくださった純心聖母会のシスター、純心女子学園の恩師の皆様。

大切な家族、応援してくださる皆様。

そして本書に出会ってくださったすべての方と、このような神の導きにも感謝しております。


最後に、個人的なことですが、本書の出版直前に子供が生まれました。

人生の門出に、本書と、2つの言葉を贈りたいと思います。

「凧が最も高く上がるのは、風に向かっている時であって、風に流されている時ではない。」（ウィンストン・チャーチル）

「吹いている風がまったく同じでも、ある船は東へ行き、ある船は西へ行く。進路を決めるのは風ではない、帆の向きである。人生の航海でその行く末を決めるのは、なぎでもなければ、嵐でもない、心の持ち方である。」（エラ・ウィーラー・ウィルコックス）

行きたい場所があれば、人事を尽くし、帆を立て努力する。

若いうちは、逆境と思える風が自分をより高めてくれる場合もあるでしょう。けれど抗えないときは摂理を謙虚に受け入れ、力を抜いて流されてみるのもいい。

道中、ひとりで楽しむもよし、船を大きくして誰かを乗せるもよし。

転覆してもまた起こせばいいし、「運命論」に逃げることなく、無条件の「神の愛」や「家族の愛」という波止場で休憩してもいい。

不自由な一隻の船である自分を、帆と手綱で自由に操って、さまざまな顔を見せる大海原を楽しんで航海してください。

結局、自由も不自由も表裏一体。

光と影があるように、私たちは**自由と不自由の間を行ったり来たりしながら、幸せを探し続けていくのかもしれません。**

本書でお伝えしたことが、これまで不自由にしか見えていなかった現実への光の当て方を少し変え、その影に隠れていた幸せに気づくきっかけになれば幸いです。

皆様の人生の航海が素晴らしいものとなりますよう、お祈りしております。

［著者］
川原マリア（かわはら・まりあ）

図案家。和柄デザイナー。アートディレクター。長崎県出身。京都市在住。潜伏キリシタンの末裔として、6人きょうだいの貧しい家庭に生まれる。12歳で修道院に入り、6年間を過ごす間に父と兄が他界する。18歳で修道院を出てからはアルバイトや派遣社員を経て、23歳で京都の着物職人に弟子入り。15年間、着物の図案家として実績を積む。現在は伝統的な和の知識や現代的な感覚のもと、伝統産業や地域創生に関するアートディレクターとして、ブランドディレクション、コンサルティング、イベントプロデュース等を斬新な切り口で手がける。美術館や行政イベントでの講師等としても活躍し、ニューヨーク・タイムズなどでも取り上げられる等、メディア掲載多数。Forbes JAPAN SELF MADE WOMANに選ばれる。SNS総フォロワー数10万人超。

不自由から学べること
——思いどおりにいかない人生がスッとラクになる33の考え方

2025年３月４日　第１刷発行
2025年４月４日　第２刷発行

著　者——川原マリア
発行所——ダイヤモンド社
〒150-8409　東京都渋谷区神宮前6-12-17
https://www.diamond.co.jp/
電話／03･5778･7233（編集）　03･5778･7240（販売）

装丁デザイン—西垂水敦（krran）
本文デザイン—市川さつき
イラスト——植田たてり
DTP————茂呂田剛＋畑山栄美子（エムアンドケイ）
校正————円水社
企画協力——ランカクリエイティブパートナーズ
製作進行——ダイヤモンド・グラフィック社
印刷————勇進印刷
製本————ブックアート
編集担当——石井一穂

ISBN 978-4-478-11913-6